진짜 퐁듀를 먹으러 왔는데요

진짜 퐁듀를 먹으러 왔는데요

성보미 글 · 성효진 그림

 라이크북

차례

프롤로그: 이야기보따리를 풀면서 ••• 6

1장 프랑스 | 샤모니몽블랑
쌍둥이세요? ••• 10
진짜 퐁듀를 먹으러 왔는데요 ••• 17

2장 대만 | 타이페이
혼자 여행, 그거 어떻게 하는 건데 ••• 30
한밤중에 사찰에 가면 생기는 일 ••• 36

3장 일본 | 오사카
에어비앤비는 처음입니다만 ••• 52
친절한 덕후씨 ••• 59

4장 중국 | 베이징
레이오버 여행의 묘미 ••• 68
국제 미아가 될 순 없어 ••• 74

5장 독일 | 쾰른
선택적 낯가림 ••• 82

6장 영국 | 런던

무언가를 좋아하는 마음, 여전한가요?　•••　96

7장 캐나다 | P.E.I

내 친구, 영은이　•••　110

빨간머리 앤을 만나다　•••　119

8장 몽골 | 고비사막

별이나 원없이 실컷 보고 싶네　•••　134

사막의 맛　•••　139

9장 베트남 | 호찌민에서 사파까지

호찌민 기차 플랫폼에 서서　•••　152

누워서 베트남 종단하기　•••　159

낯선 곳에서 낯선 직장 동료를 만나다　•••　173

사파에서 보낸 일주일　•••　180

10장 크로아티아 그리고 보스니아

엄마와 함께 여행한다는 것은　•••　194

그래, 넘어보자 국경!　•••　210

미션: 렌터카를 반납하라　•••　219

최고의 여행 메이트, 엄마　•••　228

책 속의 여행 스크랩

이야기보따리를 풀면서

기억이라는 게 시작될 무렵, 여섯 살인가 일곱 살 무렵이었을 거다. 엄마가 국을 끓이고 언니들이 식탁에 수저를 놓기 시작하면, 나는 초인종 울리기를 기다렸다. 초인종 소리 다음에 이어지는 "아빠 왔다"는 걸걸한 목소리까지도.

그 소리에 나는 맨발로 현관까지 뛰어나가 묵직한 잠금장치를 돌리고 문을 열었다. 그리고 아빠 손에서 서류 가방이 떨어지기가 무섭게 깍지를 끼우며 말했다.

"아빠, 내가 재밌는 얘기 해줄까? 아빠 아빠, 옛날얘기 해줄까?"

나이가 들면서 아빠에게 털어놓던 이야기보따리는 점차 거뭇한 컴퓨터 화면으로 옮겨졌다. 보따리 속에는 일과나 꺼내 보이기 낯부끄러운 사적인 생각들이 담겼고, 종종 여행을 떠나 그곳에서 직접 겪은 것들을 끄적이기도 했다. 그렇게 사소하고 개인적인 이야기들이 차곡차곡 쌓여, 어느덧 한 권의 책이 됐다.

그중에서도 여행 이야기를 선택한 이유는, 그 안에 내 가장 젊고 유쾌한 시절이 녹아있기 때문이었다. 별것 아닌 일에 울거나 웃고, 벌벌 떨던 내가 그 시간 속에 있었다. 덕분에 어린 시절 아빠 손을 붙잡고 들려주고 싶었던 '재밌는 이야기' 같은 에피소드들도 끄집어낼 수 있었다.

내가 글을 쓰는 동안 첫째 언니는 그림을 그렸다. 에피소드를 바탕으로 그림 한 점, 두 점이 완성될 때마다 가슴이 뛰었다. 허전했던 책 여백에 따스한 감성 한 스푼 얹어져 기분이 좋고 또 감사하다.

한 자 한 자, 청춘과 사랑을 담아 꾹꾹 써 내려갔다. 이 책을 읽게 될 당신도 손을 뻗어 매만질 수 있기를 바라는 마음을 담아서.

2024년 겨울
성보미

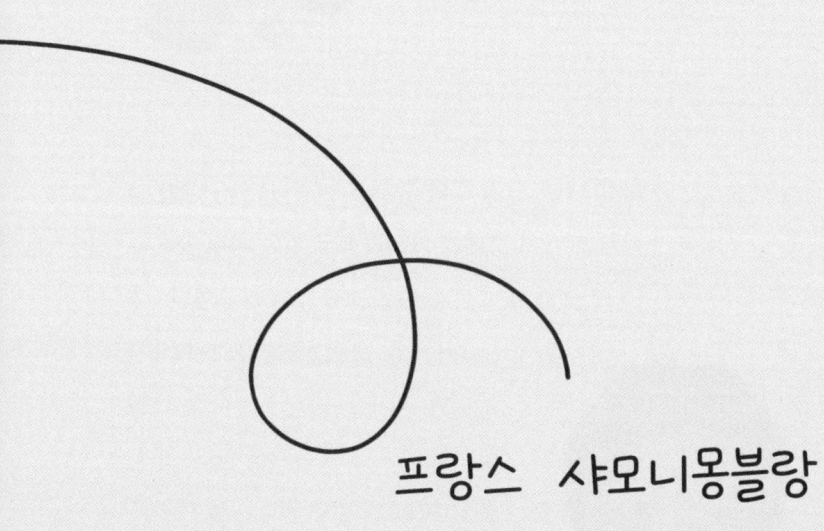

프랑스 샤모니몽블랑

2008. 06

쌍둥이세요?

나는 딸부잣집의 막내로 태어났다. 위로 언니가 둘 있고, 나이 차이는 각각 여덟 살, 다섯 살 난다. 그중 둘째 언니는 어릴 때부터 나와 잘 놀아줬다. 우리는 놀이터에 가서 그네를 타거나 바둑판을 꺼내 오목을 두곤 했다. 언니는 내게 인생 선배이자 동시에 둘도 없는 친구였다.

나는 코 묻은 용돈이 차곡차곡 쌓이면 슈퍼로 달려가 언니가 가장 좋아하던 초코칩 쿠키를 샀다. 과자를 건네는 나에게 언니는 퉁명스레 '이런 데다 돈 쓰지 마라'고 말하면서도, 과자를 뜯어 내 입에 먼저 넣어주곤 했다.

20평 남짓한 좁은 아파트에 할머니와 부모님, 언니들까지 여섯 식구가 살던 시절, 둘째 언니와 나는 '내 방'이라 할 만한 곳이 없어 거실과 작은 방을 전전했다. 낮에는 작은 방 책상에 나란히 앉아 숙제했고, 밤에는 거실에 이불을 깔고 잠들었다. 나란히 누운 두 자매는 밤이 깊어지도록 수다를 떨었고, 매번 낄낄대느라 정신이 없었다. 뭐가 그렇게 우스웠는지, 이불로 입을 틀어막으며 웃음을 참다가 결국 엄마에게 혼나고 나서야 간신히 잠이 들었다.

2008년 여름, 나는 언니와 서유럽으로 배낭여행을 떠났다. 당시 언니는 대학교 졸업을 앞두고 있어 취업 전 마음껏 놀 수 있는 최적의 시기였고, 나도 간신히 대학교에 입학해 한 학기를 마친 상태였으므로 시간 여유가 있었다.

엄마는 혼자보단 둘이 의지되고 안전할 거라 생각했는지, 선뜻 우리의 유럽 여행을 허락했다. 여유로운 형편도 아니었는데 말이다. 지금 돌이켜보면, 그때 엄마가 어떤 마음으로 없는 돈을 쥐어짜며 우리를 머나먼 서양 땅으로 보냈을지, 감히 상상조차 어렵다. 그런 엄마를 둔 딸은 그저 감사할 따름이다. 세상을 넓게 보고 오라는 엄마의 열린 마음이 통했을까. 막내딸은 여전히 바깥세상이 궁금하고, 틈만 나면 방랑을 즐기며 살고 있다.

　우리가 선택한 여행 패키지는 20~30대 청년들을 대상으로 한 것이었고, 우리 외에도 스무 명 남짓한 또래들이 동행했다. 처음 만난 젊은 이들은 서로 이름과 나이를 묻고, 사는 지역을 얘기하며 서먹함을 풀었다. 특히 사람들은 언니와 나를 보며 신기해했는데, 우리가 너무 닮았기 때문이었다. 그들은 토씨 하나 틀리지 않고 같은 질문을 던졌다.

"쌍둥이세요?"

"아니요."

"아, 그럼 연년생이시구나?"

"아니요. 5살 차이 나는데요."

"헉!! 그럼 이쪽이 언니?"

　여기서 중요한 건 '헉!!' 하고 놀라는 소리에 늘 진심이 담겼다는 것이고, 언니라고 추측한 '이쪽'은 항상 날 가리키고 있었다는 것이다. 사람들은 마치 짠 것처럼 똑같은 레퍼토리로 질문을 반복했다. 나는 해탈한 나머지 때때로 "네, 제가 언니예요."라고 받아치기도 했다.

사실 그들의 반응이 놀랍지는 않았다. 언니와 내가 닮아 벌어지는 해프닝은 종종 있었다. 친구들이 길에서 언니를 보고 '야! 성보미!'를 외치는가 하면, 내 SNS에 언니 결혼사진을 올리니 '벌써 결혼했냐?'며, 나의 결혼식(?)을 축하하는 지인들도 있었다.

언니의 동안 외모도 한몫했겠지만, 나의 노안 외모도 만만치 않게 영향을 끼쳤겠지.

사람들이 자꾸 쌍둥이냐고 물어서인지 모르겠지만 우린 여행하는 내내 쌍둥이처럼 착 붙어 다녔다. 식성부터 여행 스타일까지 모든 게 잘 맞았다. 우리는 파리와 로마의 오래된 골목을 걷는 걸 좋아했고, 화려한 밀라노보다는 고즈넉한 아시시(이탈리아 움브리아주의 작은 도시)를 좋아했다. 가난한 대학생들인지라 끼니를 거를 때도 있었지만 젤라토만큼은 포기할 수 없었다. 겁이 많아 소매치기나 수상한 사람이 접근한다 싶으면 냅다 뛰어서 도망치는 모습마저도 똑같았다.

우리의 여행은 대체로 순탄했다. 언니가 나를 혼내고 내가 언니에게 혼나는 일만 빼면 말이다. 특히 내 덤벙대는 행동은 언니에게 좋은 먹잇감이 되곤 했다.

나는 종종 키를 방에 두고 나오는 실수를 했는데, 일부 호텔의 경우 문이 자동으로 잠기므로 특히 주의해야 했다. 한두 번은 운 좋게 넘어갔으나 이탈리아에 도착한 날은 그러지 못했다.

사건의 시작은 이랬다. 체크인 후 언니와 나는 짐을 풀었고, 짐 정리를 마친 언니가 먼저 방에서 나갔다. 나도 뒤따라 나갔는데 문이 닫히고서야 침대 위에 올려둔 키가 떠올랐다. 이미 문이 굳게 잠긴 뒤였다. 달려가 호텔 직원에게 자초지종을 설명하자, 직원은 곤란한 표정을 지으며 마스터키는 없다고 했다. 대신 여분의 키가 있다며 나무로 엮은 허술한 바구니 하나를 짤랑거리며 들고나왔다. 바구니 안에는 수십 개의 열쇠가 들어 있었다.

직원과 나는 비장한 얼굴로 방문 앞에 섰다. 나는 직원에게 열쇠를 건네고 그는 하나씩 끼워봤다. 우리는 묘하게 호흡이 척척 맞았다. 그렇게 직원과 내가 열쇠 찾기 작전을 펼치고 있으니, 지나가던 투숙객들도 흥미롭게 지켜보기 시작했다.

맞지 않는 열쇠를 돌려보기를 수십 번째, 마침내 열쇠 하나가 시원하게 돌아갔다. 문이 스윽하고 미끄러지듯 열리자, 직원과 나는 환희에 찬 하이 파이브를 했다. 하지만 기쁨도 잠시, 저 멀리서 누군가의 차가운 시선이 느껴졌다. 다름 아닌 둘째 언니였다.

창피함에 숨어 있던 언니는 사람들이 흩어지고 나서야 내게 다가왔다.

"저번에도 그러더니 똑같은 실수를 또 해? 금붕어야?"

언니는 밤새도록 잔소리를 쏟아냈다. 억울했지만 반박할 말이 떠오르지 않았다. 나는 언니에게 등을 돌리고 이를 바득바득 갈며 겨우 잠들었다.

다음 날 아침, 여전히 뾰로통해 있는 내게 언니는 초콜릿 하나를 슬쩍 내밀었다. 언니가 런던에서 사서 애지중지하며 아껴 먹던 그 초콜릿이었다. 초콜릿 한입에 삐친 마음은 이미 녹아내렸지만, 티 내지 않으려고 부단히 신경썼다. 그러면서도 한편으로 어린 시절 내 입에 초코칩 쿠키를 넣어주던 언니가 떠올라 괜히 눈물이 핑 돌았다.

16년이 지난 지금, 언니와 나는 예전만큼 쌍둥이 같지 않다. 사는 모습이 달라져서인지 묘하게 외모도 달라졌다. 언니는 살이 불어났다고는 하지만 두 볼이 움푹 패어 늘 피곤한 얼굴을 하고 있다. 두 아이를 돌보랴 일하랴 정신없는 하루하루를 보내고 있는 탓이다. 그에 비해 나는 두 볼에 살이 보기 좋게 포동포동 올랐다. 주말이면 나란히 소파에 드러누워 연예 프로그램들을 줄줄이 꿰던 언니는 이제 육아 유튜브를 즐겨 본다. 언니의 사진첩에는 언니보다 아이들 사진이 더 많고, 메신저 프로필에는 애들 사진만 한가득이다.

가끔 16년 전 함께했던 유럽 여행을 떠올리며 감상에 젖는 나와 달리, 언니는 "어머, 그때 그랬니?"라며 모래알 사이에 흩어진 구슬을 줍 듯이 간신히 기억을 끄집어낸다. 그러다 기억이 전혀 나지 않으면, 언니는 "애 둘을 낳으면서 기억력도 같이 낳은 것 같아."하고 우스갯소리를 보탠다. 나는 그런 언니를 보며 한바탕 크게 웃다가도 이내 씁쓸한 입맛을 다신다. 언니의 흩어진 기억을 직면할 때면, 나는 되려 우리의 쌍둥이 시절을 그리워한다.

진짜 퐁듀를 먹으러 왔는데요

 인생 첫 해외 여행지 중 가장 기억에 남는 곳이 어디냐 물으면, 단연 샤모니 몽블랑이었다. 그곳은 31가지 맛 나는 아이스크림을 종이팩 안에 꽉꽉 눌러 담아낸 듯, 자연의 온갖 아름다움이 공허한 마음을 빈틈없이 채워줬다. 도시를 벗어나니 숨쉬기도 걷기도 편해졌다. 나는 게임에 나오는 동전 먹는 슈퍼마리오처럼 통통 튀며 걸었다. 발이 제멋대로 춤추듯 움직였다.
 전망대에 오르기 위해 케이블카를 탔다. 땅에서 멀어질수록 주변이 점차 환해지더니, 꼭대기에 이르자 사방이 온통 흰 눈이었다. 산 위에 쌓인 눈은 빵 위에 뿌려진 슈거파우더처럼 새하얬다. 한여름에 크리스마스를 맞이하는 기분이었다.
 이제는 입도 즐거울 차례였다. 이 지역에서 치즈퐁뒤는 꼭 먹어야 한다고 했으므로, 우리는 퐁뒤 식당을 찾아 나섰다.

'퐁뒤(Fondue)'. 그 이름만 들어도 나는 턱 밑이 찌릿해지는 걸 느꼈다. 그 시절 퐁뒤는 어디서도 흔히 볼 수 없는 미지의 요리였으니, 그 요리를 먹겠다는 열망은 더욱 커졌다. 직접 본 적도 먹어본 적도 없었지만, 무조건 먹어야 했고 분명 맛도 있을 거라 생각했다.

하지만 요란한 마음과 별개로 식당들은 굳게 문이 닫혀있었다. 어리둥절해하는 우리에게 가이드는 보통 유럽 가게는 일요일이면 영업하지 않는다고 설명했다. 주말이면 식당가에 사람이 바글바글한 우리나라와는 달리, 유럽은 장사를 접고 가족들과 시간을 보낸다고 했다. 역시나 사랑이 넘치는 동네다.

관광지에서 벗어나 골목으로 들어서니 나무로 지어진 한적한 식당 하나가 눈에 들어왔다. 조금 낡았지만, 내부가 깔끔했고 알프스 분위기에 어울리는 아담한 식당이었다. 점심시간임에도 손님이 한 명도 없어 잠시 멈칫했으나 선택의 여지는 없었다. 식당 밖에도 사람이 없는 건 피차일반이었다. 종말이 닥친 지구에 유일하게 살아남은 여행자가 된 기분이랄까.

"크흠, 흠, 음.. 익스큐즈미??"

아무 기척이 없었다. 우리는 불길한 마음을 가다듬으며 적당한 곳에 자리를 잡고 앉아 무작정 기다렸다. 조금 지나자 직원 한 명이 터덜터덜 걸어 나왔다. 40대 정도로 보이는 동양인 여성이었는데, 웃음

Behind-the-scenes

Mont Blanc

진짜 퐁듀를 먹으러 왔는데요

기 하나 없는 건조한 얼굴로 등장했다. 드디어 사람이 나타나자 우리는 반가움에 활짝 웃으며 손을 번쩍 들어 올렸다. 반면 그녀는 우리에게 눈길 한번 주지 않고 메뉴판을 테이블 위에 던지듯 올려놨다. 불길했던 예감이 서서히 확신으로 기울고 있었다.

종업원은 휙 돌아서더니 한쪽 구석에 팔짱을 끼고 서서 멍하니 허공을 바라봤다. 무표정한 얼굴에 삐쭉 올라온 눈썹은 그녀의 인상을 더욱 신경질적으로 보이게 했다. 어떤 말도 하지 않았지만 어딘지 화나고 우울해 보였다. 우리는 그녀가 내뿜는 싸늘한 분위기에 제대로 압도당했다. 메뉴판을 넘기는 손길마저 조심스러워졌다.

메뉴판에는 꼬부랑글씨가 수수께끼처럼 길게 적혀있었는데, 몽블랑이 프랑스 영토이므로 아마 불어였을 것이다. 꼬부랑글씨는 아무리 들여다봐도 어떤 음식을 말하는 건지 알 수 없었다. 특히 퐁뒤가 뭔지 당최 알 수가 없었다. 'Fondue'라고 적힌 메뉴들은 여기저기 사방에 흩어져 있었다. 이 수많은 메뉴 중 어떤 것이 내 환상에 답해줄 것인가. 나는 종업원과 눈을 마주치기 위해 고개를 빼 밀었다.

"익스큐즈미!"

종업원은 불량하게 꼬고 있던 다리를 풀고 천천히 우리 테이블로 다가왔다. 무기력하게 걸어오는 모습을 보고 있자니, 절로 힘이 빠졌다. 그녀는 코로 숨을 크게 내뿜으며 뒷주머니에 차고 있던 빈 수첩과 펜을 꺼내 들고 우릴 비스듬히 바라봤다.

"음.. 나는 퐁듀를 원한다.. 이거 퐁듀? 엄.. 이게 퐁듀입니까?"

메뉴판에 적힌 퐁뒤 중 가장 크게 적힌 메뉴를 가리키며 재차 물었다. 종업원은 무안할 정도로 나를 뚫어지게 보더니 고개를 위아래로 까딱했다. 고개는 위아래로 움직였지만 어쩐지 믿음이 가지 않았다. 그래도 뭐 어쩌겠나. 그녀가 퐁뒤라면 퐁뒤겠지.

"이거 하나 주세요"

종업원은 삐쭉 올라간 눈썹을 한껏 더 치켜세우면서 뭔가를 휘갈기더니 뒷주머니에 수첩을 찔러넣었다. 이어 홱 하니 메뉴판을 낚아채고는 무기력한 걸음새로 사라졌다. 화가 난 건지 기운이 없는 건지 도통 알 수 없었다. 테이블에는 더 이상 어떤 말도 오가지 않았다.

곧이어 종업원은 한층 더 어두워진 낯빛으로 두 손 가득 뭔가를 들고 나타났다. 그녀는 테이블에 지저분하고 낯익은 버너를 올렸다. 버너 위에는 여기저기 그을리고 찌그러진 스테인리스 냄비가 올라갔고, 그 안에 누렇고 투명한 액체가 채워졌다. 깍뚝 썰린 고기들도 꼬챙이에 끼워진 채 한 아름 따라 나왔다.

전두엽이 울렸다. 뭔가 잘못된 게 분명했다. 양푼 냄비와 버너라니. 상상했던 퐁뒤의 모습과는 정반대였다. 눈 앞에 펼쳐진 상차림에 이름을 붙인다면 '즉석 튀김 요리' 같은 게 어울려 보였다. 예상치 못한 전개에 우리는 모두 일시 정지 상태로 멈췄다. 퐁뒤를 먹어본 적은 없었지만, 적어도 그게 치즈를 곁들여 먹는 요리라는 것 정도는 알았다.

우리는 종업원에게 "치즈는 없나요? 치즈를 추가해야 하나요?", "이거 퐁듀 맞죠?"하고 질문을 퍼부었다. 그러자 그녀는 매서운 눈초리로 쏘아보며 말했다.

"이거 퐁듀 맞아. 치즈는 없어"

싸늘한 답변에 우리는 바람 빠진 풍선처럼 쪼그라들었다. 일단 먹어 보는 수밖에 없겠지. 하나둘 앞에 놓인 꼬치를 집어 들었다. 생고기와 야채들이 오밀조밀 꽂힌 꼬치를 냄비에 푹 밀어 넣자, 냄비 위로 보골 보골 기포가 올라오더니 이내 파르르하고 튀겨졌다. 냄비가 크지 않았으므로 한 명씩 돌아가며 꼬치를 튀겨야 했다. 식탁에 둘러앉은 사람들은 한 손에 생고기를 들고 일제히 냄비를 노려보며 자신의 차례를 기다렸다. 그 모습이 흡사 사냥에 성공한 원주민들의 저녁 식사 같았다.

맛은 있었다. 튀김은 신발을 튀겨도 맛있다는 말도 있지 않은가. 간이 세긴 했지만, 좀 짜게 먹는다고 생각하면 참을 만했다. 부디 이 요리가 퐁뒤이길 바라는 마음으로 한 면 한 면 정성스럽게 튀겼다. 갑자기 영화 '집으로'에서 시골 할머니에게 치킨 먹고 싶다 했다가, 한 솥

끓여진 닭백숙을 보고 오열하던 유승호가 떠올랐다.

정신없이 먹다 보니 냄비에 가득 차 있던 기름이 바닥을 보였다. 이 윽고 꼬치를 냄비 바닥에 바짝 붙여야 간신히 익는 상황에 이르렀다.

"오일..? 오일 플리즈??"

"!@#!@$@~!@*&%"

기름 리필 요청에 종업원은 도통 알아들을 수 없는 말들을 쏟아냈다. 우리가 고개를 갸웃거리자, 종업원은 어깨를 으쓱하더니 자리를 피했다. 머릿속이 하얘졌다. 과연 그녀는 무슨 말을 한 것일까. 기름은 왜 리필될 수 없는 것일까.

마침, 그때 종업원과 똑 닮은 또 다른 동양인 여성이 식당 안으로 들어왔다. 두 사람은 만나자마자 중국어로 쉴 새 없이 대화를 나눴다. 나는 너무 놀랐다. 종업원이 웃고 있었기 때문이었다. 저런 표정도 지을 수 있는 사람이었다니. 그녀의 반전 모습이 놀랍기도 했지만, 그보다 중요한 건 '중국어가 들렸다'는 거였다. 중국어가 귀에 꽂히는 순간, 내 시선은 한 곳을 향했다. 시선의 끝에는 나의 둘째 언니가 있었다. 언니의 얼굴은 이미 하얗게 질려 있었다. 중국어가 들리는 순간, 본인도 자신의 운명을 눈치챈 것 같았다.

"언니, 언니가 가서 말해봐"

언니는 중국어 전공자인 데다가 회화도 곧잘 했다. 말이 통하지 않는 종업원에게 궁금한 걸 묻고 뭔가를 요청하려면 언니의 도움이 절실했다. 다만 낯을 많이 가리고 사람들 앞에서 주목받는 걸 극도로 싫어하는 언니가 쉽사리 나설지는 미지수였다. 나도 언니의 성격을 아는 이상 더는 강요할 수 없었다. 이제 남은 건 언니의 선택이었다. 언니는 아랫입술을 잘근잘근 씹으며 기름이 바닥난 냄비를 물끄러미 보더니 결심했다는 듯 벌떡 일어났다. 그러곤 종업원에게 다가가 현란한 중국어를 토해냈다. 종업원의 두 눈동자가 커지는 게 느껴졌다. 언니의 눈빛은 당당했고 목소리엔 힘이 실려있었다.

내 허벅지 위로 닭살이 돋는 게 느껴졌다. 옆에서 지켜보던 일행들도 놀라는 기색이었다. 그들은 언니를 바라보며 중국어를 어떻게 저렇게 잘하냐며 한마디씩 거들었다. 일행들의 반응에 괜히 내 어깨가 으쓱여졌다. 나는 언니를 대신해, 중국어를 전공했고, 중국이랑 대만에서 교환학생을 다녀왔었노라고 설명했다. 암울하게 고기 튀기는 소리만 들리던 테이블에는 순식간에 흥분한 목소리로 가득 찼다.

언니와 종업원은 꽤 오랜 시간 대화를 나눴고, 우린 그 모습을 흐뭇하게 바라봤다. 종업원의 표정은 놀라움에서 호기심으로, 호기심에서 온화함으로 변해갔다. 얼굴이 어찌나 폈는지 주문받을 때보다 한 열 살은 어려 보였다. 이윽고 대화가 끝났는지 언니는 테이블로, 종업원은 주방으로 돌아갔다. 곧이어 언니의 통역이 시작됐다.

"기름을 리필하려면 고기를 더 시켜야 한대. 지금은 고기를 거의 다 먹은 상태여서 기름이 필요 없지 않냐고 하시네. 추가하려면 돈이 많

이 드니까 일단 내가 괜찮다고 했어. 혹시 더 주문해야 할까?"

언니가 입을 열 때마다 식탁에는 "아아" 또는 "오오"의 감탄사가 터져 나왔다. 우리는 언니 말대로 추가 주문을 포기했다. 배가 아직 덜 찼지만, 물가가 비싼 동네라 그런지 음식값이 꽤 나갔기 때문이다. 텅 빈 냄비 바닥을 긁으며 마른침만 삼켜야 했다.

"그리고 우리가 알던 퐁뒤는 치즈를 중탕해서 빵이나 고기를 찍어 먹는 건데, 그건 여기서 안 판대. 다른 식당에 가야 했대."

언니는 종업원의 말을 하나하나 전하며 자신이 할 수 있는 일을 침착하게 해냈다. 바로 그때 놀라운 일이 일어났다. 종업원이 기름통을 들고 다시 나타난 것이다. 곧이어 가져온 기름을 냄비 안에 잔뜩 부어 넣었고, 심지어 서비스로 꼬치도 한 그릇 더 얹어줬다. 물가가 비싸기로 소문난 동네에서 고기 한 접시 서비스라니. 천사가 분명했다. 우리는 종업원에게 땡큐와 씨에씨에를 섞어가며 감사 인사를 외쳤다.

우리가 다시 식사에 몰두하자 종업원 두 명은 언니 곁에 슬그머니 다가와 말을 걸기 시작했다. 나중에 들어보니, 그들은 언니에게 '어디에서 왔냐?', '중국어는 어디서 배웠냐?', '여행 왔냐?', '이제 어디로 가냐?' 등의 질문을 했다고 했다. 언니는 그들의 질문에 성실이 답했고 세 사람은 한참을 깔깔거리며 대화를 나눴다.

알고 보니 두 사람은 자매인데, 중국에서부터 몽블랑으로 같이 시집왔다고 했다. 두 사람은 함께 식당을 차렸고, 주방에는 두 사람의 남편이 요리를 도맡아 하고 있었다. 자매는 고향을 떠난 지 오래됐고, 가족들도 친구들도 못 본 지 십여 년은 더 됐다고 했다. 그나마 서로가 곁에 있어 위안이 된다고도 덧붙였다. 불어를 조금 배우긴 했지만 소통하는 데 어려움이 있었고 이런 관광지에선 영어도 쓰게 돼 있으니, 영어도 불어도 쉽지 않은 하루하루를 보내고 있었다.

속사정을 듣고 보니 쌀쌀맞았던 식당 주인의 행동도 어느 정도는 이해가 갔다. 고향이 그리웠고 타지 생활은 팍팍했을 것이다. 게다가 언어까지 안 통하니 얼마나 답답하고 괴로웠을까. 그러던 차에 고향의 말을 할 줄 아는 손님을 만났으니 반가웠을 것이다.

마지막으로 자매는 우리에게 콜라 2병까지 덤으로 얹어줬다. 기름에 절여지던 속을 콜라로 쓸어내리니, 마치 해장하는 느낌이 들었다.

나중에 한국으로 돌아와 검색해 보니, 우리가 먹은 가짜(?) 퐁뒤는 실제로 퐁뒤가 맞았다. 내가 먹은 건 약간의 중국 스타일이 곁들여지긴 했지만, 고기와 야채를 기름에 튀겨먹는 일명 오일 퐁뒤, '퐁뒤 부르기뇽(Fondue bourguinonne)'이었다. 프랑스 부르고뉴 지방의 포도 농장에서 간편하게 새참으로 해 먹던 게 시초가 됐단다.

나는 가끔 여행이 뜻대로 풀려, 그때 '진짜' 아니, '그냥 치즈퐁뒤'를 먹었다면 어땠을까 상상한다. 궁금했던 퐁뒤를 맛봐서 기뻤을 수는 있겠지만 중국인 자매 사이에 껴서 온갖 서비스와 환대를 받는 경험은 절대 겪지 못했을 것이다.

식사를 마치고 떠날 때, 자매는 우리를 향해 손을 흔들어 보였다. 우리가 그 골목에서 보이지 않는 점이 될 때까지 그들의 손은 연신 흔들리고 있었다. 좌우로 힘차게 흔들리던 그들의 손이 힘없이 떨궈질 생각을 하니 코끝이 아려왔다.

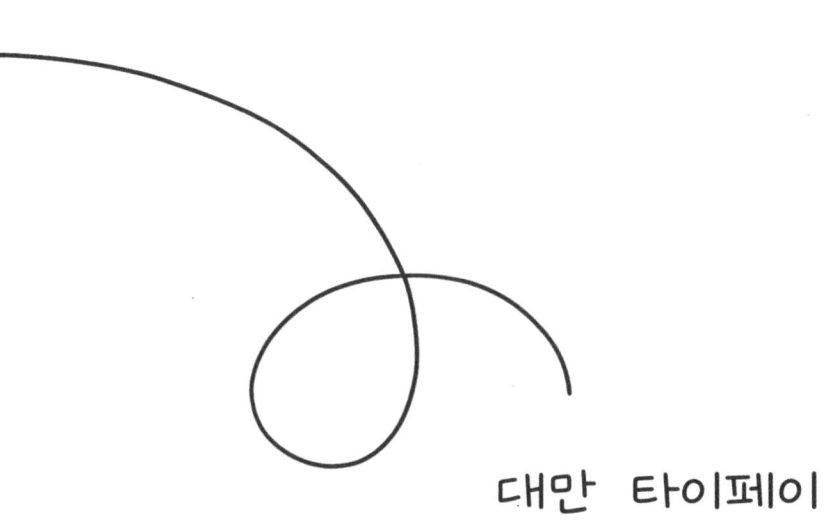

대만 타이페이

2014. 03

혼자 여행, 그거 어떻게 하는 건데

　가끔 나는 내 인생이 드라마나 영화처럼 으레껏 잘 풀릴 거라 착각한다. 특히 여행을 떠날 때면 그런 헛된 믿음은 더욱 커진다. 매번 변수에 뒤통수를 맞으면서도 사람 마음이라는 게 쉽게 고쳐지질 않는다. 스물넷의 나 역시 그랬다. 친구와 타이베이 여행을 계획하면서, 그 여행이 당연히 순탄할 거라 믿었다. 그런 내가 나 홀로 쓸쓸히 타이베이로 떠나게 됐다. 친구가 출국 일주일을 앞두고 불참 선언한 탓이었다.

　친구는 H 기업 서류 전형에 합격했고, 면접 날짜가 여행 일정과 겹치는 바람에 부득이하게 여행을 취소했다. 한창 취업 준비에 열 올리던 졸업 시즌이었으니, 어찌 보면 당연한 선택이었다. 친구의 면접 소식에 부러움과 걱정이 동시에 몰려왔다. 취업이 시급했던 마지막 방학이었기에 나도 여행을 취소해야 하나 싶었다. 게다가 혼자 여행은 내게 너무나 낯선 경험이었다. 지금이야 혼자서도 별 고민 없이 훌쩍 떠나지만, 당시의 나는 아니었다. 혼자 밥 먹고 커피 마시는 건 아무렇지 않으면서 혼자 여행은 어색했다. 여행이란 것은 우르르 몰려가서 왁자지껄 떠들다가 녹초가 되어 돌아오는 거라고 생각했다.

 이대로 떠나는 것이 맞나? 잠시 고민했지만 결국 예정대로 대만행을 택했다. 여행을 취소한다고 안 되던 취업이 기적처럼 이루어질 리도 없었고, 이번 기회에 혼자 여행을 경험해 보고 싶었다. 결심하고 나니 이번엔 부모님의 걱정 섞인 잔소리가 시작됐다.

 "친구는 면접보러 간다는데 너도 이제 취업 준비해야지"

"혼자 말도 안 통하는 타지에 가서 어쩌게? 겁도 안 나?"

나는 해가 지면 혼자 돌아다니지 않겠다, 사람 많은 안전한 길로만 다니겠다, 대만이 치안이 그렇게 좋다더라 같은 말들로 부모님을 안심시켰다. 큰 소리 떵떵 치긴 했지만 사실 불안한 건 나도 마찬가지였다. 타이베이행 비행기 안에서 무거운 공기만 말없이 삼켰다. 걱정하는 부모님을 떠올리면서, 그리고 불안에 떨고 있는 나를 보면서, 아직 어른이 되지 못했음을 깨달았다. 나는 나를 감싸고 있는 껍질을 벗어던지지 못한 못난 성충이었다.

대만에 도착한 지 불과 몇 시간 만에 불안은 현실이 됐다. 숙소를 찾지 못해 같은 곳만 한 시간째 빙빙 돌고 있었던 것이다. 접근성 좋은 타이베이 메인스테이션 역 근처 호스텔을 예약한 것까진 좋았으나, 이 역은 이름에 걸맞게 상당히 크고 복잡한 곳이어서 길 잃기 십상이었다. 설상가상으로 골목에 들어서니 길 물어볼 사람 하나 보이지 않았다. 한참 캐리어를 끌며 헤매고 있는데 젊은 언니 한 명이 보였다.

"엇, 어! 헬프! 아, 아니지. 캐, 캔 유 헬프 미??!"

언니를 놓칠세라 두 팔을 있는 대로 휘저으며 헬프미를 외쳤다. 그녀는 두 눈을 가늘게 뜨며 나를 바라보더니, 천천히 다가왔다.

"엄.. 아임 룩킹 포.. 엄..디스 호스텔"

허접한 영어 실력과 함께 손때 묻은 종이 한 장을 건넸다. 종이는 해질 대로 해져 있었고, 그 안에는 숙소 위치가 표시된 지도가 프린트돼 있었다. 유심도 데이터 로밍도 흔치 않았던, 이른바 '라떼 시절'의 여행이었다. 지도를 유심히 보던 그녀는 두리번거리더니 바로 앞 철물점으로 뛰어 들어갔다. 잠시 후 언니는 철물점에서 낯선 아저씨와 함께 나왔다. 두 사람은 내 지도를 양쪽에서 나눠 들고 진지한 얼굴로 대화하고 있었다.

"아저씨, 여기 호스텔 알아요?"

"글쎄.. 이 근처 같긴 한데.. 지도로 봐선 잘 모르겠네?"

전혀 알아듣지 못했지만, 느낌상 둘의 대화는 이런 내용이었을 것이다. 고민하던 대만 아저씨는 주변에 지나가던 행인을 하나둘 불러세우며 너덜너덜한 종이를 보여주었다. 조금 전까지만 해도 아무도 없던 골목에서 순식간에 대여섯 명이 모였다. 이름도 몰라요. 성도 몰라, 어디서 왔는지 전혀 알 길이 없는 시민들이 삼삼오오 모여 심각한 표정으로 회의를 시작했다.

"너 여기 알아? 우리 지금 저 외국인 숙소 찾아주는 중인데"

"저 건너편 건물 아냐?"

"아냐 내 생각엔 저기 뒷골목 같아."

"아아, 여기!"

마지막에 합류한 젊은 남성 하나가 확신에 찬 듯 손가락으로 허공을 가리켰다. 그러더니 내게 다가와 속사포로 위치를 설명했다. 내가

맹한 표정으로 두 눈만 껌뻑이자, 남자는 안 되겠다 싶던지 따라오라 손짓하고는 앞장서서 걸었다. 그리고는 내 캐리어를 낚아채 마치 자신의 것처럼 끌고 갔다. 그렇게 남성을 선두로 나와 대만 언니, 철물점 아저씨 그리고 서너 명의 대만 사람들이 뒤따랐다. 분명 갈 길이 서로 다르던, 일면식도 없던 사람들이었다. 나는 당황스러우면서 웃음이 났고 어떤 표정을 지어야 할지 난감했다. 그때의 감정은 어렴풋하지만 낯익은 것이었다. 어린 시절 언니를 앞장세워 날 괴롭히는 친구를 혼내주러 갈 때 느꼈던, 바로 그 은근한 우쭐함이었다.

좁은 골목을 지나 얼마 후, 앞장서던 남성이 한 건물의 정문을 가리켰다. 문 한쪽에 작은 글씨로 'OOO 호스텔'이라 적혀 있었다. 내가 찾던 바로 그 숙소였다.

"와아! 씨에씨에!!"

나는 연신 90도로 고개를 숙이며 감사 인사를 전했다. 그들은 내게 손을 가볍게 흔들며 '아..저런 데가 있었네?', '나도 처음 봐 저런 곳은' 등의 대화를 주고받더니 (물론 내 추측일 뿐이지만) 각자 다른 길로 흩어졌다. 나는 시야에서 나의 타이베이 영웅들이 사라질 때까지 그들이 떠난 자리를 멍하니 바라봤다. 어쩐지 여행의 출발이 좋았다. 혼자 여행, 이렇게 하는 거구나.

한밤중에 사찰에 가면 생기는 일

　나의 첫 타이베이는 온종일 구슬프게 비가 내렸다. 다음 날에도 또 그다음 날에도 비는 멈추지 않고 계속 내렸다. 일정에 없던 생리까지 터져 온천에 가려던 계획도 취소됐다. 어두침침한 호스텔 다인실에 홀로 침대 하나 차지하고 누워있으니 우울함이 미친 듯이 몰려왔다. 왜 나는 혼자 말도 안 통하는 타지에 나와 청승맞게 누워 있는 걸까. 그렇게 하루를 한탄 속에 흘려보내고 있었다. 친구들에게 메신저로 한참 투덜대고 있는데 한 친구에게서 답장이 왔다.
　"그래도 난 지금 대만에 있는 네가 부럽다! 친구야, 즐겨!"
　'즐겨!' 이 한마디에 머리가 띵하고 울렸다. 그래, 그냥 이 순간을 즐기면 되는 거였어. 정말 간단한 거였는데. 왜 미처 몰랐지? 가방에 처박아둔 여행 가이드북을 다시 꺼냈다. 시계는 오후 5시를 가리키고 있었다. 야경 볼 수 있는 곳을 찾아 책을 빠르게 넘기다 한 페이지가 손에 잡혔다.

'즈난궁'

타이베이에서 꽤 큰 사찰 중 하나로, 산자락에 위치해 야경 보기에 딱 좋아 보였다. 퇴장 시간이 오후 9시라니 아직 여유가 있었다. 우산과 여행 책자, 지갑을 가방에 구겨 넣고 곧장 숙소 밖으로 나갔다.

"즈난꿍? 즉난..꿍?"

버스 기사 아저씨에게 엉성한 중국어로 목적지를 물었다. 한국 개그 프로그램에서 어설프게 한국말 하는 외국인을 흉내 내던 코미디언이 떠올랐다. 이제 그런 개그에 더는 웃을 수 없을 것 같았다. 다행히 아저씨는 내 말을 알아들은 듯 고개를 끄덕이며 타라고 손짓했다.

버스는 부슬부슬 내리는 비를 뚫고 한참을 달렸다. 즈난궁은 타이베이 메인스테이션에서 꽤 먼 곳에 있는 데다 종점이었으므로, 맘 놓고 드라이브를 즐겼다. 차창은 실선과 점선을 수없이 그으며 낙하하는 빗방울들로 얼룩졌다. 버스는 멈췄다 달리기를 반복했고, 어느 순간부터는 타고 내리는 승객도 거의 없었다. 버스 안에는 어린아이를 둔 가족과 나이 지긋해 보이는 할아버지, 그리고 나뿐이었다. 창밖의 현란하게 빛나던 네온사인도 점차 흐려졌고, 길 위의 인파도 서서히 사라졌다. 어둠이 깊어질수록 버스 안은 더욱 고요해졌다.

　어느새 종점에 다다랐다. 정거장은 공터 한가운데에 있었는데, 그곳엔 주변만 간신히 밝히는 가로등뿐이었다. 다행히 비는 그쳐있었다. 나와 일가족, 할아버지 이렇게 세 팀이 버스에서 내렸고, 텅 빈 버스는 제자리에서 한 바퀴 돌아왔던 길로 나갔다. 팔을 뻗어 떠나는 버스를 붙잡아볼까 싶었지만, 이미 저만치 멀어지고 있었다. 함께 내린 승객들도 순식간에 시야에서 사라졌다.

　주변을 둘러보니 표지판도 보이지 않을 정도로 어두웠다. 이래서야 야경 감상은커녕 즈난궁을 찾아가지도 못할 판국이었다. 어디로 가야 하지? 문득 주변의 작고 낡은 집들이 음산해 보였고, 갑자기 온몸에 털이 뻣뻣하게 섰다. 휘몰아치는 바람은 나뭇가지에 매달려있던 빗방울을 사방에 흩뿌렸다. 물을 머금은 시린 바람이 뺨을 스치자, 온몸이 움츠러들었다. 마치 적의 위협을 감지한 한 마리의 고슴도치처럼.

정신을 가다듬으며 여행책에서 읽었던 내용들을 떠올렸다. 즈난궁까지 가려면 정거장에서 산길을 한참 걸어 올라야 한다고 했었다. 과연, 지금까지 한 걸음도 못 떼고 있는 내가 저 머나먼 산길을 뚫고 올라갈 수 있을까? 차마 용기가 생기지 않았.

"!@$!@#!@#?"

"히익!!"

바로 그때, 돌연 눈앞에 백발의 할아버지가 나타났다.

놀라는 내 모습에 할아버지도 당황했는지 눈을 동그랗게 뜨고 움찔하더니, 이내 껄껄 웃었다. 자세히 보니 방금 전 같은 버스에서 내렸던 할아버지였다. 웃는 할아버지 얼굴에 주름이 접혔는데, 원래 제자리를 찾은 듯 자연스럽게 깊어졌다. 하얗게 물든 눈썹은 길게 늘어져 있었고 웃을 때마다 위아래로 흔들렸다.

"!~$!*#@#!"

할아버지는 계속해서 중국어로 말을 걸었다.

"오우..쏘리. 아이 캔트 스픽 차이니즈.."

나는 손을 좌우로 흔들어가며 온몸으로 중국어를 못한다는 걸 표현했다. 할아버지는 어깨를 으쓱하며 난감한 표정을 지어 보이더니, 이내 허허 웃고는 다시 중국말을 이어갔다.

"!@#^&........즈난꿍....&#..?"

참 지독하게 고집스러운 할아버지였다. 아님 내 말을 못 알아들으셨나? 영문은 모르겠지만, 와중에 할아버지의 문장 속에서 유일하게 아는 단어 '즈난궁'을 들었다. 혹시 '즈난궁에 가냐'는 질문인가 싶어, "즈난궁 즈난궁 예쓰예쓰"하고 답했다. 그러자 할아버지가 '호오'하고 고개를 끄덕이더니 더 길고 더 유창한 중국말들을 내뱉었다. 그러곤 손가락으로 한 방향을 가리켰다. 어쩐지 즈난궁 가는 방향이 저쪽이라는 것 같았다.

"즈난궁? 저기가 즈난궁?"

할아버지는 고개를 끄덕이며 '허허'하고 웃었다. 할아버지가 가리킨 곳에는 위로 향하는 돌계단 길이 보였다. 나는 그 방향을 향해 무작정 걸었다. 할아버지도 내 보폭에 맞춰 발을 옮겼다.

오르다 보니 계단 양옆으로 굳게 닫힌 집들이 다닥다닥 붙어있었다. 주변에서 음식 냄새도 은은하게 났다. 한낮에 그 집들은 문을 활짝 열고 가스불을 연결해 온갖 맛 좋은 간식을 만들고, 가판대에 기념품들을 잔뜩 내놓고 팔았을 것이다. 그러면 오가는 관광객들이 뭐 하나 사볼까 싶어 기웃거렸겠지. 블로그 후기에 올라와 있던 사진들을 떠

올리며 상상의 나래를 펼쳤다. 할아버지는 그런 나를 지나치며 먼저 계단을 올랐다. 할아버지에겐 돌계단 길이 굉장히 익숙해 보였다. 그는 능숙한 걸음으로 단숨에 여러 칸을 올라갔다.

"씨에씨에 바이바이."

혹시 나 때문에 할아버지가 갈 길을 못 가고 있나 걱정도 됐고, 낯선 이와 계속 동행하는 게 부담스러워, 나는 할아버지에게 감사 인사와 함께 작별을 고했다. 할아버지가 딱히 불편한 건 아니었지만, 낯선 사람은 낯선 사람이다. 하지만 할아버지는 절대 나를 혼자 두고 떠나지 않았다. 헉헉거리며 힘겹게 돌계단을 오르면, 그 앞에 할아버지가 싱긋 웃으며 서 있었다. 그리고 또다시 알 수 없는 중국어들을 쏟아냈다. 처음에는 저 할아버지가 왜 저럴까 싶었는데, 시간이 지나면서 나도 마음을 내려놓았다. 어쩌면 그건 격려의 말일지도 모르겠단 생각이 들었다. '벌써 지치고 그래? 아직 좀만 더 힘내라고!', '조금만 더 오르면 정상이야!' 이런 말들이 아니었을까. 어쨌든 나는 중국어를 못 알아들을 뿐이지 소리까지 못 듣는 건 아니었으므로, 할아버지가 하는 말에 집중했다. 급기야 나도 할아버지에게 한국말로 대답하기 시작했다.

"즈난궁에 야경 보러 왔는데, 야경은 예쁘겠죠?"

"!*#!@&!!^@"

"할아버지도 즈난궁 가세요? 근데 여기 왜 이렇게 사람이 없어요?"

"!@^!&@^#!@$!&&"

역시나 할아버지는 내 한국말 반격에 굴하지 않고 마치 이해라도 한 듯 대답을 이어갔다. 내가 한국말을 하면 할아버지는 중국어로 답했고, 서로 고개까지 끄덕이며 '하하' 웃었다. 한국어도 중국어도 모르는 누군가가 이 장면을 지켜봤다면, 우리가 '자기 말 대잔치'를 하고 있단 사실을 추호도 몰랐을 것이다. 그만큼 할아버지와 나의 대화는 이상하리만치 자연스러웠다.

"이 시간에 여기 야경을 보러온 외국인은 나밖에 없겠죠?"

마음에 여유가 생기자, 한밤중에 여기까지 찾아온 이 상황이 뿌듯하게 느껴졌다. 할아버지는 알아들었는지 못 알아들었는지 날 바라보며 생긋 웃었다.

허벅지 근육이 뻐근할 때쯤, 무심코 고개를 들어 올렸다가 저 멀리 번쩍이는 광채에 눈이 휘둥그레졌다. 마침내 즈난궁이 코 앞까지 다가온 것이다. 정거장에서부터 겪은 일들이 스쳐 지나가면서 묘한 감동이 밀려왔다. 남은 계단을 힘차게 밟고 보니, 사찰 입구는 사방의 빛들을 다 머금은 듯 눈부시게 빛나고 있었다. 화려하게 조각된 성벽과 그 위로 불길처럼 솟아난 붉은 지붕은 어둠 속에서도 그 웅장함을 뽐냈다. 할아버지는 입을 떡 벌리고 있던 나를 툭툭 치더니 반대 방향을 가리켰다. 할아버지가 가리킨 방향으로 고개를 돌리자, 별천지가 드러났다. 발 아래로 타이베이의 야경이 펼쳐진 것이다. 깊은 밤 어디서든 흔히 발견할 수 있는 야경이었지만, 고생 끝에 맞은 광경이라 그런가 감동이 배가 됐다.

"우와.."

그 광경을 카메라에 담느라 여념 없었고, 조금 지나 주위를 둘러봤을 때는 할아버지가 사라지고 없었다. 두리번거리던 끝에, 멀리 구석진 곳의 문으로 들어가는 할아버지의 뒷모습이 보였다. 그곳에 문이 있었던가? 가까이 다가가니, 문에는 관계자 외 접근 금지 팻말이 달려 있었다. 갑작스러운 이별에 잠시 어안이 벙벙해졌다. 그렇게나 수다스럽던 할아버지가 왜 떠날 때는 한마디도 없이 사라진 걸까? 나는 문앞에 서서 "안녕히 주무세요, 할아버지"하고 조용히 속삭였다.

그는 사찰 직원이었을까? 아니, 어쩌면 승려였을 수도 있다. 특유의 온화한 인상과 몸에 밴 친절함이 전혀 불편하거나 부담스럽지 않았던 걸 보면 말이다. 아니다, 실은 사람이 아니었을지도 모른다. 내 두려움이 만들어낸 환상? 아니면 귀신? 지금도 할아버지를 떠올리면, 현실인지 아닌지 알 수 없는 신비하고 몽롱한 기분이 든다.

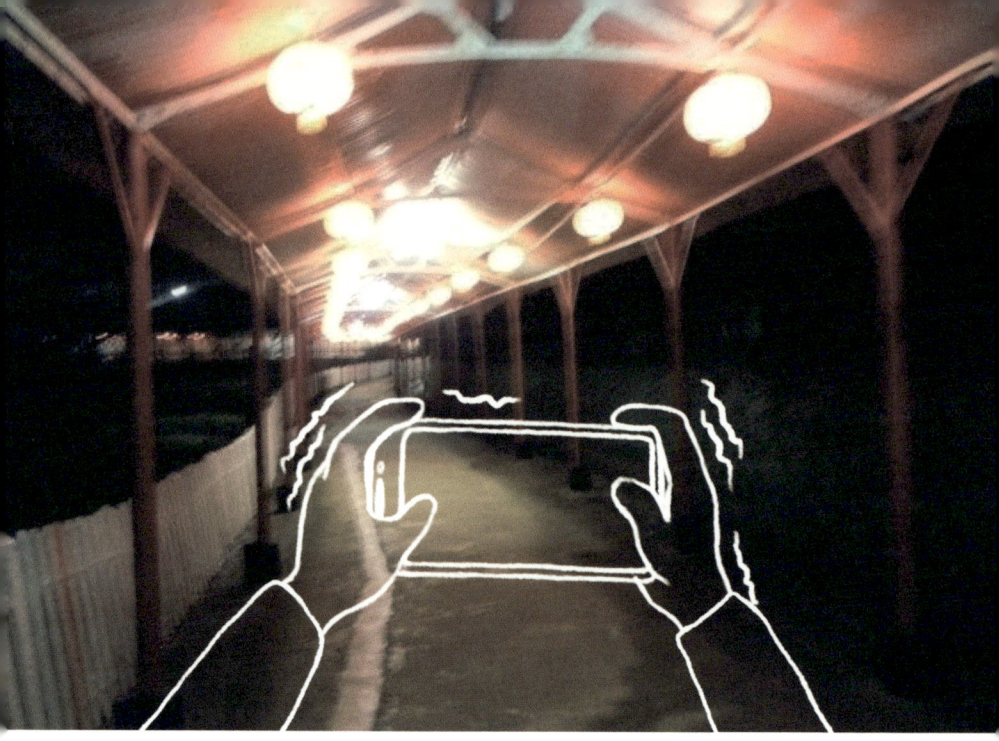

무서워도 사진 찍는 건 못 참지. 밤늦게_사찰은_무서워.jpg

할아버지와의 아쉬운 작별을 뒤로 하고 사찰 안으로 들어섰다. 거대한 아치형 입구를 통과하자 웅장함과 화려함이 뒤섞인 내부가 드러났다. 절 안에선 향 타는 냄새가 짙게 배어 있었고, 여전히 사람은 없었다. 이곳에 관광객은 나뿐인듯 했다. 관광객은 둘째치고 어째서 직원이나 스님도 한 명 보이질 않는 건지. 초조해졌다. 쓸데없는 상상력도 총동원됐다.

아까까지는 화려함의 상징이었던 붉은 조명은 이제 공포스럽게 보이기 시작했다. 황급히 이쪽저쪽 도망치듯 돌아다니며 구경했다. 겁먹은 고라니처럼 두 발을, 아니, 두 손을 치켜들고 수시로 두리번거리며 궁을 살폈다. 두 발은 땅에 닿을 새도 없이 재빠르게 땅에서 떨어졌다. 아마도 이때부터였을 것이다. 혼자 여행하다 무섭다 느껴지면 미친 듯이 뛰어다니는 습관이 생긴 것이.

브뤼셀에서 야경 본다고 혼자 밤늦게 돌아다닐 때도, 번화가에서 숙소까지 20분 거리를 쉬지 않고 달렸다. 덕분에 길거리의 불량해 보이는 남정네들이 달려가는 내 모습에 깜짝 놀라 뒷걸음쳤었다. 울란바토르에서도 으슥한 골목에서 취객이 비틀대며 걸어온 적 있었는데, 냅다 비명을 지르며 우사인 볼트처럼 전력 질주를 했었다. 그날 슬쩍 훔쳐본 취객의 표정은 아직도 잊히질 않는다. 겁은 나는데 구경은 해야겠으니, 스스로 만들어낸 생존 여행법 같은 거였다. 물론 안전이 최우선이니 웬만하면 밤늦게 혼자 돌아다니지 않는 편이 좋겠지.

고라니 스타일로 꾸준히 달리다 보니 뒷산으로 이어지는 길이 보였다. 눈부시게 밝은 조명들이 길을 따라 설치돼 있었지만, 길 너머엔 뭐가 있는지 감도 안 오게 캄캄했다. 뭔가에 홀린 듯 걷던 나는 이대로 계속 갔다가는 숙소에 돌아가지 못할 수도 있겠단 생각이 들었다. 한낮이었다면 너무나 좋은 산책로였겠지만, 지금은 두 눈앞에 두만강이라도 펼쳐진 듯 아득하고 오금이 저렸다. 시계는 8시 40분을 가리키고 있었고 주위엔 아무도 없었다. 이젠 정말 집에 돌아가야 했다.

숙소로 돌아가기 위해서는 힘겹게 올랐던 계단 길을 다시 내려가야 했다. 이번엔 할아버지 없이 나 혼자뿐이라 어쩐지 쓸쓸했다. 게다가 조금 전까지 붉은 조명이 이글거리는 사찰에서 도망치듯 빠져나와서인지, 간도 콩알만 해져 있었다. 나는 폴짝폴짝 뛰면서 계단을 밟았다. 아까보다 훨씬 빠른 속도로 내려왔고, 순식간에 정거장까지 도착했다.

정거장에 다다르니 빗줄기가 조금씩 굵어졌고 이내 장대비가 쏟아졌다. 가방에 넣어둔 우산을 꺼내 펼쳤다. 정거장은 아까보다 더 음침했고 모든 빛이 희미했다. 이 어둠을 따라가다 보면 결국 그 끝에서 나도 같이 사라져 버릴 것 같은 기분이 들었다.

강도라도 만나면 어떡하지. '살려주세요'를 들어줄 사람도 없다는 사실은 나를 더욱 미치게 했다. 지푸라기라도 잡는 심정으로 와이파이를 눌렀다. 기적적으로 뭔가 잡혔는데, 신호가 마치 그날 밤 내 목숨줄처럼 가느다랗고 미미했다. 황급히 서울에 있는 둘째 언니에게 메시지를 보냈다.

'타이베이에 한국대사관 번호가 뭐야?'

다짜고짜 대사관 번호를 묻는 내게, 돌아온 답장은 단 세 글자였다.

'ㅋㅋㅋ'

가끔 언니가 이런 반응을 보일 때면 참 헷갈리는데, 날 너무 믿는 건지 아니면 나한테 관심이 없는 건지 잘 모르겠다. 어쨌든 둘 중 하나는 확실했다. 그래도 언니의 천하 태평한 반응 덕에 겁먹었던 마음이 조금 누그러졌다. 그나마 꺼져가는 불씨 같았던 와이파이는 내게 한 줄기 빛이요 소금이었다.

언니가 알려준 긴급 번호를 핸드폰 화면에 눌러놓고 버스를 기다렸다. 혹시라도 위험한 상황이 터지면 당장 통화 버튼을 누를 심산이었다. 한 손에는 우산을, 다른 한 손에는 핸드폰을 쥔 채 부들부들 떨었다. 빗줄기는 점차 거세졌고, 침 넘어가는 소리까지 들릴 정도로 고요하던 정거장은 우렁찬 빗소리로 귀가 먹먹해졌다.

바로 그때 어둠 속에서 인기척이 느껴졌다. 크고 빨간 우산을 쓴 누군가가 느린 발걸음으로 정거장을 향해 다가왔다. 넓어지는 코 평수를 부여잡으며 다가오는 그림자를 노려봤다. 통화버튼에 닿을 듯 말 듯 떠 있는 손이 부들부들 떨렸다. 눌러? 말어? 위협을 당하고 나서는 이미 늦은 거 아닐까? 지금 눌러야 할까? 오만가지 잡생각이 손끝에서 교차하던 그 순간, 다가오던 그림자의 우산이 살짝 뒤로 젖혀지며 우산 주인의 얼굴이 드러났다.

중년의 대만 여성이었다. 그것도 적의가 눈곱만큼도 보이지 않는. 아주머니는 콧노래를 흥얼거리며 살랑살랑 걸어왔다. 그녀의 온화한 얼굴을 마주한 순간, 잔뜩 뭉쳐있던 어깨에 힘이 스르르 풀렸다. 두려움에 벌벌 떨던 내 모습이 한심하게 느껴지면서 안도의 한숨이 나왔다.

빗소리에 가려져 아주머니가 부르던 콧노래가 뭐였는지 잘 들리진 않았지만, 경쾌하고 밝은 멜로디였다. 나는 콧노래에 맞춰 손가락을 까딱거리며 박차를 맞췄다. 무슨 노래인지도 모르면서 그랬다. 할아버지와 자기 말 대잔치 하던 때처럼 다시 마음이 평온해졌다. 입력해 둔 긴급 번호를 지우고 핸드폰을 주머니 안에 찔러 넣었다.

그렇게 우리는 나란히 서서 버스를 기다렸다. 아주머니는 콧노래를 흥얼거리고, 나는 손으로 박자를 세면서.

15분쯤 지났을까 멀리서 버스가 다가오는 게 보였다. 우리는 한껏 젖은 우산을 털면서 버스에 차례로 올랐다. 버스는 공터를 한 바퀴 돌고는 아까 왔던 길을 따라 나갔다. 쏟아지는 비를 뚫고 버스는 앞으로 앞으로 달렸다. 긴장이 풀린 탓인지 눈이 자꾸 감겼다. 실눈 뜬 사이로 창밖 풍경이 스쳤다. 버스는 어둡고 좁은 골목을 지나더니, 화려한 네온사인이 번쩍이는 거리로 접어들었다. 잠시 후 익숙한 거리가 나오고 야시장이 보였다. 종아리가 욱신거렸고 어깨는 뻐근했지만, 마음만은 포근했다. 창밖에는 여전히 빗방울들이 창문을 두드렸고, 내 입에선 아주머니가 부르던 콧노래가 희미하게 새어 나오고 있었다.

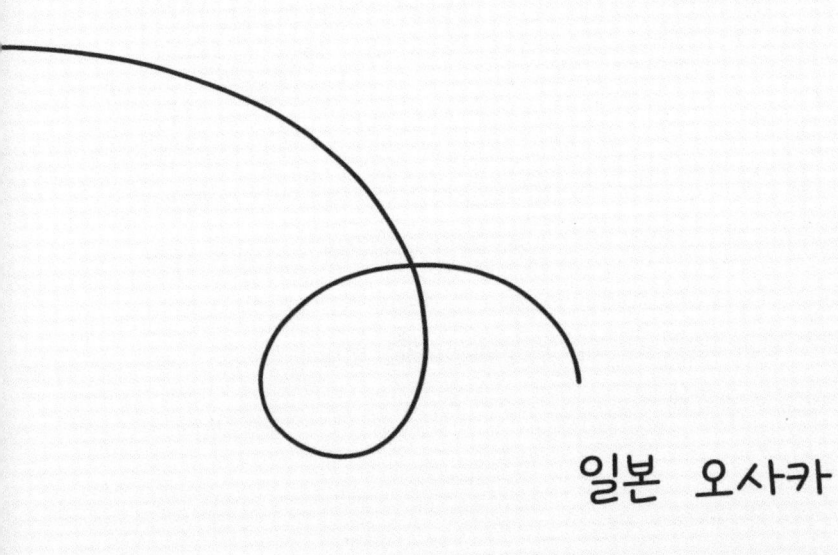

일본 오사카

2015. 10

에어비앤비는 처음입니다만

'짤랑'

투명 플라스틱 컵 안에 든 얼음들이 서로 몸을 부딪치며 경쾌한 소리를 냈다. 테이블 위엔 물기가 흥건했고, 혼탁했던 아메리카노는 투명해진 지 오래였다. 아메리카노가 녹고 있단 사실은 누구의 안중에도 없었다. 나와 민주는 말없이 노트북만 노려보고 있었다.

"이 호텔은 어때?"

"1박에 20만 원이면 너무 비싼데..."

"그럼, 이 호텔은?"

"여긴 너무 낡은 거 같은데, 후기도 별로고. 괜찮을까?"

"안 괜찮을 거 같아."

오사카 여행을 앞둔 우리에게 가장 큰 난관은 숙소를 구하는 것이었다. 민주는 아직 학생이었고 나 역시 첫 직장에서 신나게 학자금 대출을 갚고 있었기 때문에 알뜰한 여행이 절실했다. 하지만 우리의 가벼운 지갑 사정을 비웃기라도 하듯, 오사카의 물가는 부담스러웠다. 끼니는 대충 편의점에서 해결한다 쳐도, 적당한 숙소 찾기란 하늘의 별 따기였다. 도톤보리 시내와 가까우면서 깔끔하고, 그러면서 동시에 저렴한 숙소는 존재하지 않았다.

"너 에어비앤비 써봤어?"
"에어비앤비? 가입도 안 해봤는데"
"한번 들어가 볼까?"

2013년 국내에 처음 도입된 에어비앤비는 2년 뒤인 당시에도 여전히 뜨거운 감자였다. 서비스의 합법성, 안전 문제를 두고 갑론을박이 한창이었지만, 논란이 된다는 것 자체가 그만큼 매력적인 서비스라는 사실을 방증하는 것이기도 했다. 호스트는 자기 집의 일부를 여행자들에게 제공하며 돈을 벌고, 여행자들은 저렴한 가격에 머물 곳을 구할 수 있었다. 정형화된 호텔과 달리, 호스트의 손길이 닿은 개성 만점의 숙소에서 현지인의 삶을 엿볼 수 있으니, 여행의 재미도 더해졌다.

우리는 에어비앤비에 접속하자마자 괜찮은 숙소를 발견했다. 위치도 가격도 만족스러웠지만, 결제를 앞두고 걱정이 들었다. 모르는 사람 집에서 두 다리 뻗고 편히 잘 수 있을까?

숙소 정보를 다시 꼼꼼하게 살펴봤다. 숙소는 집주인이 살고 있는 아파트 중 일부를 공유하는 형태였다. 건물은 오래되어 보였지만 내부는 아늑한 일본 가정집 분위기가 났다. 호스트는 자신을 일본에서 유학 중인 20대 초반의 한국인 여성이라 소개했다. 사진 속 호스트는 선글라스를 끼고 잔뜩 멋 부린 포즈를 취하고 있었다. 상세 내용에는 집이 넓진 않지만 지내기에 부족함 없이 모든 물품이 구비돼 있으며, 여행 중 어려운 부분이 있으면 언제든 도움을 주겠다고 적혀있었다. 친오빠도 함께 지내는데, 집을 자주 비우니 걱정하지 말라는 말도 덧붙여져 있었다. 나무랄 데 없는 소개 글이었다.

문득 타지에서 홀로 살아가는 어린 호스트에게 존경심과 동정심이 동시에 들었다. 말도 잘 안 통하는 해외에서 산다는 건 어떤 느낌일까. 타지살이가 고되진 않은지, 밥은 잘 챙겨먹는지. 그 짧은 시간, 호스트와 밤새도록 대화하는 상상을 했다. 꽤 매력적인 여행이 될 것 같았다.

예약 버튼을 누른 지 얼마 지나지 않아, 호스트는 요청을 수락했다. "안녕하세요. 반갑습니다."로 시작하는 메시지와 함께 모든 예약 과정이 끝났다. 우리는 여행 고수가 된 듯 의기양양해졌다.

"에어비앤비 써봤어? 난 모르는 사람 집에 가서 잠도 자고 밥도 먹었잖아."

오사카행 비행기에 타기도 전부터 무용담 자랑할 생각에 벌써 가슴이 뛰었다.

오사카 시내에 들어서자 해는 뉘엿뉘엿 저물고 있었다. 거리에는 일본인과 관광객들로 붐볐고 번쩍이는 네온사인 사이로 허연 이를 드러내며 웃고 있는 글리코상이 보였다. 오사카의 트레이드 마크인 글리코상까지 보고 나니 비로소 일본에 왔음을 실감했다. 화려한 도톤보리를 지나 좁은 골목길을 따라 걸으니 오래된 저층 건물들이 모습을 드러냈다. 우리 숙소는 그중에서도 가장 낡고 허름한 아파트였다. 예상보다 더 낡아 보이는 외관에 주춤했지만 망설인다고 달라질 건 없었다. 일단 좁디좁은 엘리베이터 안에 몸과 캐리어를 구겨 넣었다.

'덜커덩!'

굉음과 함께 엘리베이터가 움직였다. 천장에 달린 조명등이 깜빡깜빡하며 얼마 남지 않은 수명을 예고했다. 엘리베이터 밖으로 토시오(영화 주온에 나온 어린이 귀신)가 툭 튀어나올 것 같은 음침한 분위기에 온몸이 얼어붙었다.

"하하 이거 완전 영화 주온이잖아"

"하하 그러게 하하"

어색한 웃음이 흘렀다. 하지만 애써 괜찮은 척하고 보니 이 또한 공포영화에서 귀신 등장 직전의 클리셰 같아 머리끝이 쭈뼛해졌다.

3층에 도착하자마자 우리는 호수를 찾아 허겁지겁 초인종을 눌렀다. 띵동 소리가 울린 지 얼마 되지 않아 문이 벌컥 열렸다. 반가운 문 열리는 소리와 함께, 문 뒤로 반갑지 않은 얼굴이 드러났다.

"안녕하세용! 어서 들어오세용!"

당황스러웠다. 내가 예상한 호스트는 분명 또래의 여성이었는데, 우리 앞에 서서 인사하는 사람은 누가 봐도 남성이었기 때문이다. 그는 통통한 볼살을 광대까지 끌어올리고 선홍빛 잇몸을 드러내며 활짝 웃었다.

"아 저는 호스트의 친오빠구용. 제 동생은 잠시 사정이 있어 한국으로 돌아갔어용"

당황한 표정을 읽었는지 남성은 서둘러 해명했다. 그제야 숙소 소개 글에 적혀 있던 '오빠'의 존재가 떠올랐다. 애초에 남매가 같이 산다고 했으니, 반박할 여지는 없었다. 그렇지만 남자 혼자 사는 집에 머문다는 사실은 여전히 찝찝했다.

"비행하느라 힘드셨죵? 어서 안으로 들어오세용"

속으로 오만가지 생각을 품고 있는데, 호스트의 친오빠는 여전히 친절하게 우리를 안으로 안내했다. 그는 생글생글 웃으며 이마에 맺힌 땀을 손으로 쓸어내렸다. 위험한 징조지만 우리는 그의 푸근한 인상에 자꾸 마음이 놓였다. 겉만 보고 판단하지 말라 했건만. 발갛게 물든 동그란 뺨과 축 처진 눈썹, 웃을 때마다 눈동자가 사라지는 반달눈은 누가 봐도 착한 친구의 외모였다. 일본 애니메이션에서 주인공이 위기에 처할 때, 덕후적(한 가지 분야에 깊이 빠져 전문가적 소양에 가까워진 상태) 기질을 발휘해 도움을 주는 절친한 친구 '타쿠마 짱' 캐릭터가 확실했다. 물론 타쿠마 짱은 방금 지어낸 허구의 이름이다. 그는 순수 한국인이었다.

우리는 그를 따라 집안 곳곳을 이동하며 설명을 들었다. 타쿠마짱은 좁은 복도를 지날 때마다 힘겨워했고, 한마디씩 할 때마다 거칠게 숨을 헐떡여서 마음이 불편했다.

반면 집안은 먼지 한 톨 보이지 않을 정도로 깔끔하고 정갈했다. 특히 화장실은 가히 충격적이었다. 물 때나 곰팡이 하나 껴 있지 않았으며 심지어 수전이며 거울이며 광이 번쩍번쩍 났다.

방은 아담했지만 여자 둘이 머무르기에 부족함이 없었고, 거실은 밖에서 사 온 음식들을 잔뜩 펼쳐놓고 맛볼 수 있을 만큼 공간도 테이블도 넉넉했다.

뻣뻣하게 굳은 두 다리를 거실 탁자 아래로 쭉 뻗었다. 그리곤 벽에 등을 기대어 눕다시피 하며 앉은 뒤 기지개를 늘어지게 폈다. 하품이 절로 나왔다. 마음과 달리 몸이 자꾸 바닥에 달라붙었다. 찝찝한 마음은 여전했지만 이제 와서 다른 숙소를 찾아볼 수도 없는 노릇이었다. 민주도 나와 뜻이 통했는지 옆에서 열심히 양말을 벗고 있었다. 어쩐지 실패한 것 같기도 하고 성공한 것 같기도 한 에어비앤비 숙소에서의 하루가 그렇게 지나고 있었다.

친절한 덕후씨

"저녁 식사 안 하세용?"

"저희 이제 시내로 나가보려고요."

"뭐 드실지 정하셨어용?"

"몇 군데 알아두긴 했는데 아직 뭐 먹을지는 못 정했어요."

"규카츠 드시러 많이들 가시던뎅. 모토무라 규카츠."

"거기 맛있어요?"

"네 저도 한두 번 가봤어용. 가신다고 하면 제가 안내해 드릴게용."

"아, 아니 괜찮은데.."

한사코 거절했음에도 타쿠마 짱은 기어이 가이드를 자청하며 따라 나섰다. 그는 길 안내를 하면서도 자신의 유학 생활과 오사카에 관해 설명하느라 정신이 없었다. 침을 튀기며 열변을 토하는 그를 따라 걷

다 보니 어느새 모토무라 규카츠에 도착했다. 덕분에 우리는 그 복잡한 도톤보리 골목에서 지도 앱 한 번 꺼내보지 않고 맛집을 찾았다. 함께 식사하자 권했는데 그는 정중히 거절했다. 타쿠마 짱은 "맛있게 드세요"라는 말만 남기고 서둘러 돌아갔다. 허둥지둥 사라지는 그의 뒷모습이 어쩐지 짠해 보였다.

나는 덕후 기질을 잘 이해하는 편이다. 나 역시도 비슷한 성향이 있는 데다 덕후 문화를 좋아해, 그 세계를 어느 정도 알고 있다. 아는 사람은 알겠지만, 덕후들은 친절하다. 자신의 최애(가장 좋아하는 대상)를 건드리지 않는 한, 세상 온순하고 성실한 사람들이 대부분이다.

타쿠마 짱은 확신의 덕후였다. 그에게서 어떠한 위협적인 분위기가 느껴지지 않았던 이유도 그 때문인 것 같았다. 그는 고객 사이의 선을 잘 지켰다. 나와 민주가 집 안에 있을 땐 거의 모습을 드러내지 않았다.

우리는 밖에서 음식을 사 들고 돌아올 때마다 몇 번이고 같이 먹자고 제안했지만, 그는 절대 그 자리에 끼지 않았다. 조용히 방에 머물다 필요할 때만 나와 도움을 주곤 했다. 예를 들면, 우리가 유니버셜 스튜디오에 가기 전날 밤 일이었다. 수다 삼매경에 빠져있던 우리 앞에 타쿠마 짱이 조심스럽게 방문을 열고 나왔다.

"혹시 내일은 어디 가세용?"

"아, 저희 유니버설 스튜디오에 가려고요"

그러자 타쿠마 짱의 표정이 갑자기 밝아졌다. 그는 신난 얼굴로 서랍장에서 사진 몇 장을 꺼내 우리에게 건넸다.

"이게 저에용"

사진 속 타쿠마 짱은 유니버설 스튜디오에서 일본인 친구들과 코스프레를 하고 있었다. 지나치게 진지한 표정으로 연기하는 사진 속 그의 모습에 나는 웃어야 할지 감탄해야 할지 망설였다.

타쿠마 짱은 유학 생활이 빠듯하지만, 그래도 유니버설 스튜디오는 올해만 세 번을 다녀왔다고 자랑스럽게 말했다. 그는 유니버설 스튜디오에 대해 모르는 게 없었고, 우리에게 꿀팁을 아낌없이 전수했다. 그

는 테이블에 지도를 펼쳐놓고 우리가 어떤 동선으로 움직여야 하는지 펜으로 색칠까지 하며 일러줬다. 또 유니버설 스튜디오 안에서 음식을 사 먹으면 몇 배나 비싸므로, 반드시 편의점에서 도시락을 준비해 가라고 조언했다. 그의 조언 덕분에 다음날 유니버설 스튜디오에서 편하게 놀 수 있었다.

하지만 그렇다고 해서 우리의 첫 에어비앤비 숙소가 완벽했다고 말할 수는 없었다. 처음에 민주는 방 어딘가에 몰카가 설치됐을 수도 있다며 샤워를 거부했다. 하루 종일 밖에서 돌아다닌 탓에 안 씻을 수 없던 그녀는 버티고 버티다 한밤중에 5분 컷으로 샤워를 끝내고 들어왔다. 나 역시 그런 민주를 안심시키면서도, 은연중에 카메라가 있을 만한 곳을 살펴보곤 했다. 타일 사이사이를 쥐잡듯 노려봤지만, 수상한 흔적은 어디에도 없었다. 만약 어딘가에 카메라가 있었다면 그건 어쩔 도리가 없다고 생각했다.

시간이 흐를수록 어느 정도 숙소 환경과 타협했지만, 완전히 불안을 떨쳐내진 못했다. 우리는 매일 아침저녁마다 이불 속에 몸을 숨겨 놓고 꿈틀거리며 옷을 갈아입었다.

우리를 더욱 불안에 떨게 만든 건 방 구조 탓도 있었다. 타쿠마 짱의 방과 우리 방은 옆으로 나란히 배치돼 있었는데 방음이 전혀 되지 않았다.

 첫날 밤, 자려고 누웠는데 어디선가 익숙한 소리가 들렸다. 타쿠마 짱이 말할 때마다 거칠게 내쉬던 바로 그 숨소리였다. 코가 막힌 듯 둔탁하게 들리는 숨소리. 말이 길어질수록 덩달아 빨라지던 그 소리였다. 아까와는 미세하게 다른 것이, 들숨과 날숨의 박자가 일정하고 안정감 있었다. 그렇다, 그가 잠결에 내는 숨소리였던 것이다.

 이렇게 가까이에서 들린다고? 하고 벽을 유심히 바라보니, 옆방과 우리 방 사이에 놓인 벽과 천장 사이에 구멍이 뻥 뚫려있었다. 벽을 살짝 두드려보니 얄팍한 판지가 부딪히는 소리가 났다. 자세히 보니 옆면의 '진짜 벽'과 벽지 색상도 달랐다. 방 한가운데에 가벽을 설치해, 방을 두 개로 분리한 것 같았다. 갑자기 우리가 그와 너무 가까운 곳에 누워 있다는 생각이 들었다. 그나마 다행이라면 그의 거친 숨소리 덕분에 그가 깨어있는지 어디에 있는지를 확인할 수 있다는 것이었다. 그러나 그의 숨소리가 점차 코골이로 넘어가면서 악몽은 시작됐다. 밤이 무르익자, 집안에선 코 고는 소리가 쩌렁쩌렁 울렸다. 우리는 그 소리를 자장가 삼아 반쯤 뜬눈으로 밤을 보냈다.

 여행 일정이 고단했던 덕분인지, 다음 날부터 우리는 코골이 소리를 들을 새도 없이 깊은 잠에 빠졌다. 불행과 다행을 저울질하던 복잡한 마음도 갈수록 '좋은 게 좋은 거지'라며 긍정의 늪으로 스며들고 있었다.

만약 우리의 장르가 공포나 스릴러였다면, 우리가 안심하는 그때 타쿠마 짱이 둔기를 들고 돌변했겠지만, 다행히 한국으로 돌아가는 날까지 아무 일도 일어나지 않았다.

타쿠마 짱은 굉장히 바른 생활 사나이였다. 오후 10시를 조금 넘기면 어김없이 숙면에 들었다가 오전 7시쯤이면 기상했다. 그는 다이어트 중이라 했지만, 사실 생활비가 빠듯한 탓에 집에서 끼니를 대충 해결하는 것 같았다. 그마저도 먹었는지 안 먹었는지도 모르게 깔끔하게 치워놓았다. 집 안은 늘 청결함을 유지했다. 바닥에 머리카락 한 올 보이지 않았고, 침구에선 갓 세탁한 듯 보송한 기운이 느껴졌다. 새삼 타쿠마 짱이 대단히 어른처럼 느껴졌다.

아마도 그는 궁핍한 유학 생활에 용돈이라도 벌어보겠다며 에어비앤비를 시작했을 것이다. 진짜 집주인이 그일지 아니면 그의 여동생일지는 모르겠지만 뭐가 됐든 상관없었다. 함께 지내는 동안 도움을 받았고, 그는 한결같이 다정하고 친절했다.

한국으로 돌아오면서, 마지막까지 우리를 향해 밝게 웃어주던 그의 얼굴이 떠올랐다. 그 모습이 어찌나 아련하던지. 나는 나도 모르게 그의 유학 생활이 무탈하고 평탄하기를 속으로 빌고 또 빌었다.

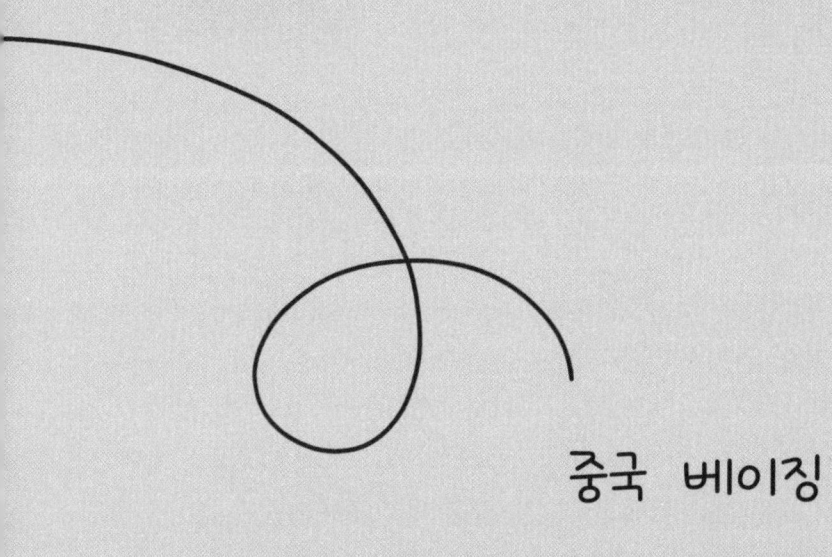

중국 베이징

2017. 04

레이오버 여행의 묘미

국가와 국가를 이동한다는 것은 지루한 기다림의 연속이다. 한참 동안 기다려 짐을 부치고, 줄에 서서 차례로 신원을 확인받고, 또 다른 기다림 뒤에야 비행기에 오른다. 그러고도 얼마나 많은 시간을 공중에 뿌리며 다니는가. 오죽하면 인터넷에 '공항에서 빨리 줄어드는 줄 찾는 꿀팁' 같은 게 떠돌까 싶다.

베이징에 도착한 나 역시도 그런 꿀팁이 통하기를 간절히 바라고 있었다. 파리로 가는 길이었고, 베이징에서는 16시간 머무르는 레이오버 일정이었다. 꿈에 그리던 첫 '레이오버 여행'이었다.

경유지에서 24시간 이내로 장시간 체류하게 되면 이렇듯 누구나 레이오버 여행을 즐길 수 있다. 레이오버의 경우 경유지에서 짐을 찾지 않아도 되고, 특히 중국은 24시간 이내로 체류할 경우 무비자로 돌아다닐 수 있었으므로 (2017년 당시, 중국을 여행하려면 별도 비자가 필요했다) 레이오버 여행하기에 좋은 조건을 갖추고 있었다.

    베이징 공항에 막 도착한 나는 'transfer'라 적힌 표지판을 따라 걸었다. 곧이어 줄이 두 갈래로 나뉘었는데 하나는 '24시간 내의 국제선 환승', 다른 하나는 '72시간'이라 적혀있었다. 16시간 뒤에 다시 비행기를 타야 했으므로 24시간이라 적힌 곳에 줄을 섰다. 그런데 어쩐 일인지 24시간 줄에 선 사람들은 수속을 마친 뒤 다시 탑승구 쪽으로 이동했다. 주변에 물어볼 사람도 없고 다들 줄 서기 바빴으므로, 주저하지 않고 72시간 줄로 옮겼다. 무엇보다 72시간 줄에는 단 세 명뿐이었기에, 줄이 금방 줄어들 거라 기대했다. 내 차례가 되면 직원에게 물어봐도 늦지 않을 거란 생각이었다.
    하지만 예상은 보기 좋게 빗나갔다. 24시간 줄의 사람들이 빠르게 빠져나가는 와중에도 내 앞에 선 세 명은 꿈쩍도 안 했다. 맨 앞에 있던 남성에게 무슨 문제가 있었는지 공항 직원과 한창 실랑이를 벌이고 있었다.
    시간은 계속 흘렀고 초조함에 발을 동동 굴렀다. 출입국 심사 시간과 공항에서 시내를 왔다 갔다 하는 시간 등을 제하면 이제 열 시간도 채 남지 않았다. 체류 시간이 촉박하면 경유 국가에서 입국을 허가하지 않는 경우도 있었다.

아, 이대로 북경 오리 냄새 한번 못 맡아보고 파리로 가는 건가. 애타는 마음으로 궁시렁대고 있는데, 어디선가 다른 직원이 나타나 내 앞에 서 있던 세 명을 데리고 사라졌다. 끌고 가는 직원의 엄격한 표정과 울상인 채로 뒤따라가던 세 명의 표정이 사뭇 대조적이었다. 불현듯 중국이 공산국가라는 사실이 떠올랐다. 갑자기 입안에 침이 바짝 말랐다. 다음 차례는 나인가. 무표정의 직원이 나를 매섭게 노려보며 가까이 다가오라 손짓했다. 떨리는 손으로 여권과 입국 카드를 내밀었다.

입국에 문제가 있다면 포기하겠습니다. 베이징 시내 구경이 욕심이라면 그 계획 당장 취소할게요. 그 순간 내겐 여행이고 뭐고 살아남는 게 중요했다. 초조함에 메마른 손을 자꾸 매만졌다. 직원은 내 여권과 서류를 뒤적거리고 내 얼굴과 여권 사진을 번갈아 봤다. 그러더니 여권 한 켠에 쾅! 하고 도장을 내리찍었다. 베이징 여행의 시작을 알리는 경쾌한 소리였다.

출국장을 나서자마자 시원한 음료가 당겼다. 목이 칼칼했다. 손에는 김포공항에서 환전한 150위안이 들려있었고 공항 안에는 대형 카페들이 줄지어 있었다. 중국에서 첫 소비라니! 잔뜩 힘이 들어간 나는, 눈앞에 보이는 카페로 직행해 "아이스 아메리카노!"를 외쳤다. 그러나 잠시 후 내 당당한 외침이 무색하게도 뜨끈한 아메리카노가 올려졌다.

중국은 첫 방문이었던 나는 중국 문화에 대해 아는 게 없었다. 게다가 (이미 눈치챘겠지만) 지극히 쫄보인 탓에 컴플레인을 걸어도 되는지 망설여졌다. 그러나 망설임은 오래가지 않았다. 죽었다 깨나도 뜨끈한 아메리카노를 마시고 싶지 않았고, 추가 주문할 금전적 여유도 없었다. 용기를 내어 직원에게 음료가 잘못 나왔음을 전했다. 직원은 생긋 웃으며 사과한 뒤, 곧바로 얼음이 동동 떠 있는 시원한 음료를 만들어 주었다. 베이징은 생각보다 어려운 동네가 아니었다. 지금 생각해 보면 그때의 나는 공산주의 국가에 대한 막연한 두려움과 편견이 있었던 것 같다.

첫 방문지는 천안문과 자금성이었다. 역사적 의미도 깊을뿐더러 한국의 고궁과 어떤 차이가 있을지 직접 눈으로 보고 싶었다. 국내에선 중국의 황사와 미세먼지에 대한 보도가 연일 이어졌고, 브라운관에는 희뿌연 연기와 먼지로 가득 찬 베이징 거리가 그려졌다. 사람들은 방독면 같은 마스크를 쓰고 있었고 거리엔 쓰레기가 넘쳤다. 하지만 직접 가본 베이징은 생각보다 깨끗했다. 마침, 주요 국가들이 참여한 정상회의가 열리던 중이어서 그랬는지도 모른다. 거리에는 쓰레기를 치우는 공무원들이 수시로 보였다. 으리으리한 고궁과 그 주변을 감싸고 있던 푸릇푸릇한 녹지들. 걷고 또 걸어도 아쉽지 않은 고궁의 풍경이 이어졌다. 하늘이 조금 뿌연 걸 제외하고 모든 게 완벽해 보였다.

고궁을 빠져나와 남라고항으로 향했다. 베이징의 인사동이라 불린다고 하여 떠나기 전부터 기대가 컸던 곳이었다. 전통의 멋과 현대의 미가 공존하는 모습이 인상적이었다. 어딘지 한국과 닮은 듯 다른 모습들이 이국적이면서 친근했다. 사람이 상상 이상으로 많아 상점마다 발 디딜 틈이 없었다. 나중에 찍은 사진들을 확인해 보니, 거리를 찍은 건지 사람을 찍은 건지 구별이 되질 않았다.

문제가 있다면 돈이었다. 당일치기로 150위안(한화 약 3만 원)이면 충분할 줄 알았는데, 예상보다 부족했다. 공원과 고궁 입장료가 생각보다 비싼 탓이었다. 부족한 살림에 끼니는 해결해야 했으므로, 길거리 음식 중 제일 저렴하고 볼품없어 보이는 소시지로 대충 배를 채웠다. 카드 계산이 당연히 될 줄 알았는데, 어디서도 내 신용카드를 받아주지 않았다. 결국 남은 위안을 쥐어짜내 마지막으로 음료 한 잔을 구매했다. 목을 축이니 허기가 더 심해졌다. '금강산도 식후경' 이랬건만, 빈속에 관광은 무리였다. 마침, 계획했던 여행지들도 다 돌았으므로, 공항에 돌아가기로 했다.

국제 미아가 될 순 없어

베이징 시내에서 국제 공항으로 가기 위해선 고속 열차를 타야 했다. 역시나 문제는 돈이었다. 고속 열차 티켓은 25위안, 주머니에 남은 돈은 4위안. 돈을 쓰면서 예상 못 했던 건 아니지만, 입장료나 교통비처럼 꼭 필요한 곳에 써야 했기에 어쩔 수 없었다. 등줄기가 서늘해졌다. 그래도 괜찮을 거라 자신을 다독이며 4위안을 만지작거렸다. 내겐 신용카드를 포함한 카드가 네 장이나 있었다. 이중 뭔가 하나는 해결되겠지. 우리에겐 ATM기라는 위대한 문물도 존재하지 않는가.

나는 곧장 고속열차 탑승구 근처의 ATM기 앞에 섰다. ATM기는 뭔가 될 것처럼 진행되다가 막판에 오류를 띄우며 내 카드들을 족족 뱉어냈다. 해외 여기저기서 잘만 썼던 카드들이었기에 더 당황스러웠다. ATM기에서의 씁쓸한 패배를 뒤로하고, 다음 목적지인 매표소로 걸음을 옮겼다.

 직원에게 상황을 설명하고 카드 결제가 가능한지 물었지만, 돌아오는 대답은 "Only cash"였다. 순간 지갑에 비상용으로 들고 다니던 미국 달러가 생각났다. 직원에게 10달러를 꺼내 보여주며 이 돈으로 대신 할 수 없는지 물었다. 그는 "도와줄 수 없다."라고 단호하게 말했다.

 마지막 희망은 환전소였다. 그곳이 베이징 중심지였기 때문에 환전소 하나쯤은 있지 않을까 싶었다. 하지만 눈을 씻고 찾아봐도 보이지 않았다. 그럼 은행을 가볼까 했더니, 아뿔싸, 토요일이다. 혹시나 해 주변 은행을 찾아가 봤지만, 전부 문이 굳게 닫혀 있었다.

 이제는 진짜 위기였다. 머리를 부여잡고 매표소 앞에 쭈그려 앉으니, 내 앞으로 고속 열차를 타려는 사람들이 지나쳤다. 이대로 비행기를 놓치면 어떻게 될까? 제일 먼저 파리의 샤를 드골 공항에 주인 없이 떠돌게 될 내 캐리어가 떠올랐다. 캐리어는 텅 빈 컨베이어 벨트를 수없이 돌고 돌다 결국 어딘가에 버려지겠지. 그러다 우연히 캐리어를 주운 파리의 노숙자가 그 안에 있던 내 옷을 꺼내입고, 엄마가 정성스레 담아준 깻잎장아찌를 한입 집어 먹게 될 것이다. 나는 어떻게 될까? 국제 미아가 된 나는 이곳 베이징에서 노숙자이자 불법체류자로 살다 공안들에게 잡혀 비참한 최후를 맞이할지도 모른다.

 생각할수록 끔찍한 상상만 떠올랐다. 어떻게든 해결 방법을 떠올리려 노력하던 그때, 매표소 맞은편에 작은 부스가 눈에 들어왔다. 부스 안에는 검은색 유니폼을 입고 허리춤에 무전기를 찬 직원 세 명이 있었다. 모니터들이 빼곡히 놓인 것으로 보아 그들은 역사 내 보안 직원인 듯 했다. 저 사람들은 나를 도와줄 수 있을까? 티켓 구입에 몇 번이나 실패한 나는 그들을 멍하니 바라보고만 있었다. 마침 덩치 큰 남자 직원 두 명이 부스에서 나갔고, 내부에는 내 나이 또래로 보이는 여성 직원 한 명만 남았다. 혹시 저 언니가 나를 도와줄 수 있지 않을까? 또다시 거절당할까 두렵기도 했지만, 실낱같은 희망을 붙잡아보기로 했다. 심호흡을 한번 크게 한 뒤, 부스 안으로 들어섰다.

"실례합니다.. 나는 한국인입니다. 나를 도와줄 수 있나요?"

직원 언니는 갑자기 다가온 날 보고 놀랐는지 의자에서 벌떡 일어났다. 그러곤 동그란 눈을 굴리며 나를 위아래로 훑었다.

"도움이 필요하신가요?"

"나는 지금 공항 가는 기차를 타야만 합니다. 그런데 돈이 없습니다. 아이 해브 온리 달러!"

나는 허겁지겁 지갑 속에 든 달러들을 꺼내 들었다. 언니는 나와 내 손에 쥔 달러를 보며 어쩔 줄 몰라 했다.

"위안, 달러. 체인지. 플리즈!!"

달러를 언니에게 내밀며 간절하게 부탁했다. 이제 모든 몫은 언니에게 달려 있었다.

"오케이!!"

그녀는 선뜻 '오케이!!'를 외쳤고 생각지도 못한 성공에 나는 짧은 비명을 꽥 질렀다. 언니는 곧바로 25위안을 꺼냈다. 이제 내가 몇 달러를 돌려줘야 하는지가 관건이었는데, 위안에서 달러로 환산하는 게 쉽지 않았다. 언니도 계산이 힘들었는지 말없이 계산기만 두들기고 있었다. 결국 우리는 5달러를 주고받는 것으로 합의했다. 나중에 계산해 보니 내가 달러를 조금 더 준 셈이었지만, 국제 미아를 면하게 해준 생명의 은인이었으니 10달러를 다 줬어도 아깝지 않았을 것이다. 생각해 보면 간절할 땐 언제고, 한두 푼에 아쉬워하다니 나도 조금은 간사했던 것 같다.

나는 고마운 마음을 온몸을 다해 표현했고 그것마저도 부족한 것 같아 가방과 주머니를 뒤졌다. 가방 앞주머니를 열자 한국에서 챙겨온 간식들이 나왔다. 초콜릿과 젤리들을 한 움큼 꺼내 손사래 치는 언니 손에 꼭 쥐여주었다. 그렇게 맞잡은 손을 위아래로 덩실덩실 흔들며 작별 인사를 나눴다.

기적적으로 구한 25위안을 쥔 채 매표소로 달려갔다. 그리고 아까 내 부탁을 단호하게 거절했던 직원에게 당당히 돈을 내밀었다. 직원은 무심하게 열차 티켓을 뽑아 넘겼다. 열차가 도착했고, 도무지 열릴 것 같지 않았던 열차 문이 내 앞에서 부드럽게 열렸다. 고속 열차의 품은 따뜻하고 포근했다.

다리를 쭉 뻗어 엉덩이를 앞으로 빼 밀고 머리와 등을 좌석에 밀착시켰다. 근육 마디마디에 스며들었던 불안감들이 자유로이 몸 밖을 빠져나갔다. 이제 'Only Cash'의 세계에서 벗어나 'Card Okay'의 세계로 간다. 신용카드를 맘껏 휘두를 생각에 뱃속의 장기들이 꿈틀댔다. 종일 가냘픈 소시지 하나만 먹고 버틴 내 몸뚱아리에 따뜻한 위로가 필요한 순간이었다. 출국 절차를 모두 밟은 뒤 나는 서둘러 식당으로 향했다.

"카드 결제되나요?"

"물론이죠!"

식당 직원은 무슨 그런 당연한 소릴 하냐는 듯 답했다. 잠시 후 주문한 완탕면과 하가우 한 접시가 나왔다. 뜨끈하고 짭조름한 완탕면 국물이 목을 타고 넘어가며 온몸에 훈훈한 기운이 감돌았다. 하가우의 오동통한 새우 살도 입안에서 톡톡 터지며 다채로운 식감 파티를 벌였다. 감동적인 순간이었다. 입안에 음식물들을 가둬놓고 꼭꼭 씹으며 하나하나 음미했다. 머리끝부터 발끝까지 저리는 자유의 맛이었다.

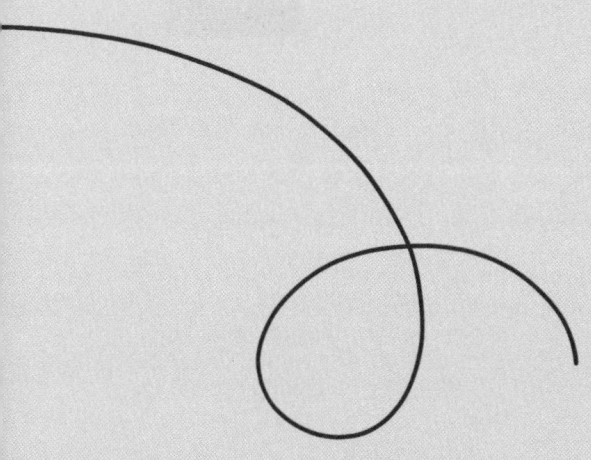

독일 쾰른

2017. 07

선택적 낯가림

나는 낯선 이들과 어울리는 여행을 즐기지 않는다. 처음 보는 사람들에게 내 나이와 사는 동네, 직업 같은 개인 정보를 밝히는 게 불편하기 때문이다. "서울 살아요." 하면, "서울 어디? 오피스텔? 아파트? 전세? 월세?" 같은 질문이 따라왔고, 지역을 언급하면 머리 위로 동네 집값이 현상금처럼 올라가는 게 느껴졌다. 또 "기자예요." 하면, "어느 신문사? 무슨 부서예요? 이름 검색해 봐도 돼요?" 같은 답이 자동 응답기처럼 돌아오곤 했다.

한번은 '북한에서 넘어온 간첩'이라 해볼까 고민한 적도 있었다. "내래 고조 북에서 왔시요." 심각한 표정에 묘한 북한 사투리까지 구사하면 불편한 질문들을 피할 수 있을 것 같았다. 다행히 아직 거기까지 가본 적은 없었고, 보통은 웃음으로 무마하곤 했다. 으하하 웃으며 화제를 돌리면 포커스는 자연스럽게 다른 사람에게 넘어갔다. 불편한 자리일수록 내 웃음은 더 과장되고 어색해졌다.

그럼에도 나는 낯선 이들이 붐비는 호스텔의 다인실을 주로 찾는다. 일단 여행 경비 절감이 최우선이고, 막상 호텔 방에 혼자 덩그러니 있어 보니 생각보다 외로웠기 때문이다. 그렇다고 항상 군중 속에서 고독을 즐기는 것은 아니었다. 때때로 여행 중 낯선 사람과 식사하거나 일정을 동행하기도 했는데, 보통은 좋은 사람이라는 느낌이 오는 경우에만 그랬다. 낯선 사람에게서 느껴지는 기운과 그걸 캐치하는 나만의 감을 믿는 편이었다.

쾰른에서도 어김없이 호스텔을 찾았다. 혼자 여행이었고, 예산이 충분치 않았다. 그리고 무엇보다 사람이 그리웠다.

당시 나는 파리에서 3개월째 장기체류 중이었다. 파리에 살아보는 게 버킷리스트이기도 했고, 한국에서 직장생활을 하는 게 더는 자신 없어 도피를 자처했었다. 도망가듯 떠난 파리에서 나는 어학원과 집만 오가는 쓸쓸한 일과를 보냈다. 특별한 목표 없이 표류하는 타지 생활이었다. 반복되는 무료함에 무작정 배낭을 둘러메고 파리를 떠났다. 버스와 기차를 옮겨 타며 국경을 넘었고, 벨기에의 소도시들을 거쳐 어느새 독일 쾰른에 이르렀다. 처음에는 물 흐르듯 흘러 다니는 삶이 새롭고 짜릿했다. 하지만 여행이 길어지자, 외식은 점차 물렸고, 이 성당이나 저 성당이나 다 비슷해 보였다. 무엇보다 혼자 보내는 하루하루가 고독했다. 한국에 있는 친구들이나 가족들과 통화하는 시간을 제외하면 꽤 오랜 시간을 묵언 수행하듯 보냈다. 조금이라도 우울해질까 싶어 잠시도 쉬지 않고 움직였다. 한참을 걷고 또 걸었다. 다리는 욱신거렸고 몸도 마음도 비에 젖은 빨래처럼 힘없이 늘어졌다.

파리에 있는 작고 곰팡내 나는 나의 좁은 집이 떠올랐다. 집보다는 방이라는 표현이 더 적절한 공간이었다. 100살도 더 먹은 내 늙은 방은 오늘도 먼지가 켜켜이 쌓여가고 있겠지. 아무리 열심히 청소해도 어디선가 폴폴 올라오던 꿉꿉한 먼지 냄새와 회색빛 거미줄이 그리웠다. 잠시 눈을 감고 푹 꺼진 내 침대에 파묻혀 눅눅한 침대 시트를 쓸어내리는 상상을 했다.

이런저런 생각 끝에 예약해 둔 호스텔에 다다랐다. 아직 해가 중천에 있었지만, 관광은 이제 멈추기로 했다. 호스텔 직원에게 여권을 건네며 서둘러 체크인했다.

방은 3개의 이 층 침대가 놓인 6인실이었다. 침대가 전부 비어 있는 게 아직 아무도 오지 않은 듯했다. 나는 제일 안쪽 구석진 1층 침대 자리를 선점했다. 가방을 침대 위에 던져놓은 뒤 욕실로 향했다. 뻣뻣해진 발바닥을 문지르고 잔뜩 엉킨 머리카락을 샤워기로 쓸어내렸다. 2만 보를 걸으며 축적된 피로가 흐르는 물과 함께 하수구로 빠져나갔

다.

씻고 나오니 에어컨 바람이 시베리아에서 불어온 북서풍 같았다. 침대로 뛰어들어 온몸을 이불로 똘똘 감쌌다. 빼꼼 빼민 얼굴로만 서늘한 기운을 느끼고 싶었다. 방 안에 바디워시 향과 침구에서 나는 섬유유연제 향이 한데 뒤섞였다. 움직일 때마다 이불은 기분 좋게 바스락거렸고 몸에 닿는 감촉도 좋았다. 마리 앙투아네트가 부럽지 않은 호사였다. 귀에 이어폰을 꽂고 아까 듣던 노래를 이어 재생했다. 평소 즐겨듣던 인디밴드의 사랑 노래가 귀를 간지럽혔고, 눈꺼풀은 힘없이 주저앉았다. 이대로 이 방에 아무도 들어오지 않기를.

그때 방문 손잡이가 철컥철컥 소리를 내며 시계 방향과 반시계 방향으로 번갈아 돌았다. 손잡이가 계속 헛돌고 있었다. 밖에서 문을 열려는데 잘되지 않는 모양이었다. 달콤한 휴식을 방해받았다는 사실에 얼굴이 잔뜩 구겨졌다. 모르는 척하려다 결국 몸을 일으켰다. 사실 나도 불과 몇 분 전, 같은 상황을 겪었었다. 문이 잘 열리지 않아 꽤 오랜 시간 문 앞에서 씨름을 했다.

잠금장치를 해제하고 문을 열자, 문 앞에는 다부진 몸의 동양인 여성이 굵은 땀을 닦으며 서 있었다. 그는 나와 눈이 마주치자 흰 이를 훤히 드러내며, "Hi"하고 인사했다. 까무잡잡한 피부와 새하얀 이가 대조적이어서인지, 웃는 얼굴에 유난히 시선이 갔다. 반가움이 여실한 미소였다. 순간, 그의 난처한 상황을 모른 척하려 했던 게 부끄러웠다.

"하이!"

순식간에 내 얼굴도 밝아져 있었는데, 마치 그의 표정을 흉내 내고 있는 것 같았다. 사람의 감정이란 것이 이렇게 쉽게 전염될 수 있구나. 나는 손잡이를 가리키며 괜히 어색하게 웃어 보였다.

"고장 났나 봐"

"그러게. 도와줘서 고마워!"

쾰른의 새 룸메이트는 방 안을 둘러보다 내 침대 위층에 짐을 풀었다. 그는 아주 짧은 반바지에 검은 민소매 티셔츠를 입고 있었고, 양팔에는 문신이 가득했다. 그 모습이 위협적이거나 거부감 들기보다는 건강하고 자유분방해 보였다. 혹시 한국인이 아닐지 의심했지만, 한국인이라면 모름지기 튀어나와야 할 "혹시, 한국…ㅇ?"이라는 대사는 끝내 나오지 않았다. 나는 룸메이트가 계단을 밟고 올라가기를 기다렸다가 다시 내 침대로 올라갔다. 그리곤 바로 휴식 모드에 돌입했다.

인기척이 느껴져 감은 눈을 슬쩍 떠 보니, 룸메이트는 어느새 샤워를 마쳤는지 젖은 머리카락을 수건으로 털어내고 있었다. 눈이 마주치자, 그는 또다시 사람 좋은 미소를 지어 보였다. 저런 표정을 지을 줄 아는 사람이라면 무조건 심성이 고와야 할 텐데, 싶었다. 그의 표정에는 작정하고 마음만 먹으면 누구든 쉽게 무장해제 시킬 만큼 힘이 있었다. 나는 귀에서 이어폰을 빼고 몸을 반쯤 일으켰다. 그리고 발을 닦고 있는 룸메이트를 향해 먼저 입을 뗐다.

"오늘 불꽃 축제하는 거 알아?"

"응 나도 들었어."

"구경하러 갈 거야?"

"글쎄, 궁금하긴 한데 사람이 너무 많지 않을까?"

어쩐 일인지 말이 술술 나왔다. 평소라면 영어 울렁증으로 한두 마디 대화 이어가는 것도 어려워했을 텐데 말이다. 유창한 영어는 아니었고, 내가 내뱉는 괴상한 영어를 룸메이트가 찰떡같이 알아듣는 덕분에 대화는 끊이지 않고 이어졌다.

"밖으로 나가볼까?"

"좋아!"

우리는 대충 옷을 갈아입고 호스텔 밖으로 나섰다. 길 건너 쾰른 대성당에 가까워지니 쾰른 시민과 관광객들이 삼삼오오 모여 있었다. 그 곁으로 잔뜩 긴장한 눈빛의 경찰들이 주위를 돌고 있었다. 때마침 '퍼펑!' 화약 터지는 소리가 울렸다. 소리만 요란했지 정작 불꽃은 어딨는지 도통 찾아볼 수 없었다.

우리는 소리를 따라 라인강변까지 걸어갔다. 작은 불빛이 점차 가까워졌다. 밝은 빛은 라인강 위로 모습을 드러냈다가 순식간에 사라졌

다. 불꽃은 상상 이상으로 작았고, 희미한 불빛들은 희뿌연 연기만 남긴 채 허무하게 사라졌다. 이런 소소한 불꽃에 '축제'라는 이름을 붙여도 될는지. 여기 계신 쾰른 시민들을 모시고 서울의 불꽃 축제를 한번 보여드려야겠다는 생각이 들었다. 불꽃 크기에 아랑곳하지 않는 사람들은 사방에 퍼져서 노래도 부르고 박자에 맞춰 춤도 췄다. 사람들의 환호소리와 스피커를 타고 나오는 노랫소리가 메아리치듯 울렸다. 어쩌면 그들은 불꽃보단 음주가무에 더 집중한 것 같았다. 룸메이트와 나는 눈이 마주침과 동시에 푸흡 하고 웃음을 터뜨렸다.

"돌아갈까?"

"그러자"

호스텔로 돌아가는 길에 맥주를 한 캔씩 샀다. 둘 다 한 손에 맥주를 쥔 채, 호스텔 입구 앞 계단에 적당히 자리를 잡고 앉았다. '칙'하고 캔 따는 소리가 적막한 쾰른의 뒷골목을 울렸.

"너는 어디서 왔어?"

"나는 홍콩 출신이고, 호주에서 공부하고 있어."

룸메이트의 전공은 내 짧은 영어 실력 탓에 잘 알아듣지 못했다. 중간중간 단어들을 유추해 봤을 때, 그리고 나중에 의사가 될 거라는 얘길 한 걸 보면 아마도 의대생이었지 않나 싶다.

"지금은 여름방학이라 친구들이 있는 나라를 돌면서 여행 중이야.

너는?"

"나는 한국 사람인데, 지금은 파리에 살고 있어"

"와 진짜? 나 파리 정말 가고 싶었는데!"

"파리는 안 가봤어?"

"응. 쾰른이 내 일곱 번째 여행지고 이제 호주로 돌아가야 해"

"아쉽다. 언제 시간 되면 파리로 놀러 와! 내가 가이드할게!"

내 말에 룸메이트는 눈을 찡긋하며 입꼬리를 올렸다. 대화 내내 그의 얼굴엔 생기가 돌았고 자신감과 밝은 기운이 넘쳤다. 나도 모르게 그 기운에 빨려 들어가, 나 역시도 같은 기운의 사람인 듯 행동했다. 어쩐지 그런 그의 모습이 좋았고 부러웠다. 그래서 되지도 않는 영어에 손짓발짓을 섞어가며 어떻게든 대화를 이어가려 했다.

많이 편해진 덕분인지, 나는 별의별 얘기들을 다 꺼냈다. 외롭고 고단했던 파리의 일상 이야기도 털어놨다. 거지들이 들끓고 오줌 냄새가 진동하던 동네. 그곳에서 간신히 거지꼴을 면하며 살아가는 내 남루한 일상까지. 불어를 잘 못 해 창피당하던 날의 일화도 튀어나왔다. 그 역시 오랜 타지 생활을 해서 잘 안다며 내 말에 고개를 끄덕였다.

출신도, 국가도 다르지만, 그 순간 우리는 같은 마음으로 같은 대화를 나누고 있었다. 서로의 곪은 상처들을 끄집어내며 '괜찮아 괜찮아' 하고 위로했다. 나는 웃고 있었지만 동시에 울고 있기도 했다. 슬퍼서가 아니라 오랜만에 느낀 해방감과 동질감에, 그리고 감사함에 찬 눈

Photo : www.pathpoint-cologne.de

물이었다.

　얼마 남지 않은 맥주 캔을 가볍게 부딪쳤다. 룸메이트는 언젠가 파리에 놀러 가겠다 했고, 우리는 에펠탑 아래에서 와인을 나눠 마시기로 약속했다. 지켜지지 않을 약속임을 알고 있었지만, 그 순간만큼은 진짜인 것처럼 계획을 짰다.

　쾰른의 밤하늘 아래엔 우리 말고 그 어떤 인기척도 느껴지지 않았다. 한쪽에선 여전히 불꽃 축제로 소란스러웠지만, 우리는 축제를 잊은 지 오래였다. 불꽃 축제로 뜨거웠던 쾰른의 밤 한 모퉁이에서 우리는 우리만의 작은 축제를 즐기고 있었다.

　다음 날 나는 새벽 기차를 타야 했으므로 룸메이트에게 제대로 된 작별 인사도 없이 떠났다. 이후 다시는 그를 보지 못했지만, 아직도 내겐 그의 잔상이 남아있다. 중저음 톤의 부드러운 목소리와 무해하고 따뜻했던 미소가.

　낯선 곳에서 마주친 낯선 이의 인생을 나는 조금도 알지 못하지만, 그 짧은 만남 속에서 강렬한 추억을 얻는다. 그리고, 더 멋지게 살아야겠다고 다짐한다.

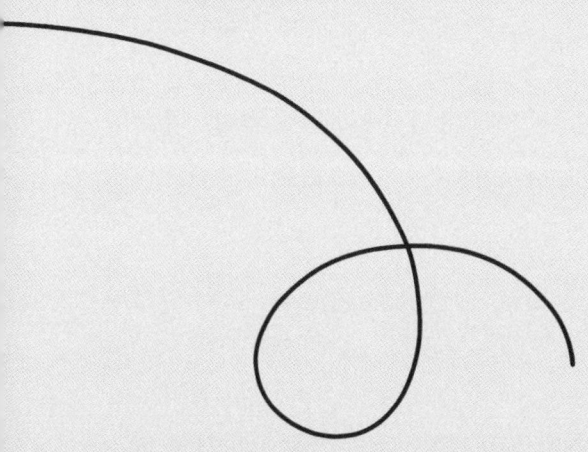

영국 런던

2017. 07

무언가를 좋아하는 마음, 여전한가요?

좋아하는 마음이 사라졌다. 심장이 콩닥콩닥 뛰고 몸 안에서 주체할 수 없이 요동치던 그것. 반짝이고 싱싱하던 감정의 흔적은 이제 내 안에서 사라진 것 같았다. 살다 보면 서러울 일이 더 많겠지만, 그중에서도 가장 실감하는 건 '좋아하는 게 점차 사라진다'는 것이었다. 열정을 다해 무언가를 좋아해 본 적이 언제였더라? 기억조차 희미했다. 현생에 집중하다 보면 어쩔 수 없이 따라오는 자연의 섭리 같은 것일까.

세상에는 영화, 스포츠, 연예인 등 반짝이고 아름다운 것들이 초 단위로 쏟아져 나오건만, 한번 식은 열정은 쉽게 돌아오지 않았다. 나도 원래 이런 사람은 아니었다. 한때는 반짝이는 거에 쉽게 흔들리던 시절도 있었다. 유명 작가에게 싸인 받기 위해 서점 앞에서 2시간 가까이 기다리는가 하면, 좋아하는 영화를 DVD로 구해서 닳고 닳도록 돌려봤었다. 좋아하는 밴드의 콘서트를 보고 온 날에는 '우리 오빠'와 하이 파이브 한 손을 붙잡고 밤새 비명을 질렀다. 그렇게 영원할 줄 알았던 '우리 오빠'는 서서히 '남의 오빠'가 됐고, 뭔가를 향한 열정은 다 타버린 촛불처럼 조용히 비틀대다 힘없이 꺼졌다.

누군가 내게 '좋아하는 영화', '즐겨듣는 노래', '관심 가는 가수' 등을 물어보면 한참을 고민해야 했다. 그러다 5년 전쯤 좋아했던 (지금은 없어졌을지도 모를) 무언가를 답하곤 했다. 그때마다 이토록 만사에 무관심한 스스로에게 실망했는데, 그것도 잠시뿐이었다. 나는 다시 무기력하게 세상을 바라봤다.

2017년 여름, 나는 여전히 별일 없이 프랑스 파리에서 도피 생활 중이었고, 친구 영은이는 내가 있는 파리에 오겠다고 했다. 왜인지 유럽 국가를 별로 좋아하지 않던 영은이였는데, 나를 보기 위해 여름휴가로 유럽행을 택했다. 그녀가 머물 약 2주간 우리는 파리에서 뭘 할지 고민했다. 그러다 영은이가 먼저 런던에 가지 않겠냐, 제안했다. 런던에 있는 해리포터 스튜디오에 가고 싶다고 했다. 파리에서 런던까지는 고속열차를 타고 1시간 30분 정도면 갈 수 있었으므로 나는 흔쾌히 승낙했다. 우리는 열차 티켓과 입장권을 예매하고 숙소 예약까지 마쳤다. 시간은 영은이가 파리에 도착하는 날에 맞춰 카운트 다운되듯 흘렀다.

마침내 서울 촌년 두 사람은 유럽 한복판에서 재회했다. 런던으로 넘어간 우리가 먼저 도착한 곳은 킹스크로스역이었다. 역사에는 짐을 끌고 어딘가 바삐 이동하는 사람들로 북적였다. 사람들은 일제히 꾹 다문 입과 공허한 눈빛을 하고 앞만 노려보며 걸음을 재촉했다. 유리창에 비친 내 모습도 그들과 다를 게 없었다. 그런데 복도 끝 쪽, 유난히 사람들로 북적이던 곳에서 낯선 기운이 느껴졌다. 수십 명이 한데 모여 발갛게 물든 볼과 초롱초롱한 눈빛을 반짝이고 있었다. 그들이 모인 벽면에는 'Platform 9 3/4'라고 적힌 팻말이 붙어있었다.

　"아..여기가 말로만 듣던 킹스크로스역 9와 4분의 3번 승강장이구

나."

팻말 아래에는 카트가 벽에 반쯤 잡아먹힌 듯 박혀 있었고, 그 앞에는 카트를 붙잡고 사진 찍으려는 사람들로 붐볐다. 사람들은 마치 자신이 해리포터라도 된 듯 지팡이를 손에 쥐고 포즈를 취했다. 줄 서서 기다리는 사람들도 들뜬 얼굴로 까르륵 웃거나 쉴 새 없이 수다를 떨었다. 그곳에선 소설 속 이야기가 더 현실처럼 느껴졌다.

줄 선 사람들만큼이나 시선을 끌었던 건, 옆에서 망토를 입혀주고 목도리를 공중에 날려주던 직원들이었다. 몰려드는 인파에 지칠 법도 했는데, 그들은 연신 싱글벙글 웃고 있었다. 어쩌면 그곳 직원들이 더 해리포터에 진심일 수도 있겠다 싶었다.

"줄이 너무 기네. 사진은 못 찍겠지?" 나는 슬쩍 눈치를 보며 영은이에게 물었다.

"해리포터 스튜디오에도 비슷한 게 있겠지. 가서 찍자."

나는 그녀의 말에 고개를 끄덕이며 열광하는 관광객들을 지켜봤다. 묘한 괴리감과 동시에 기시감도 들었다. 목젖 끝이 간질거렸다.

중학교로 진학을 앞둔 마지막 겨울방학, 2001년 12월의 어느 날이었다. 슈퍼 앞에서 만나기로 했던 엄마는 약속 시간이 지나도 나타나질 않았다. 한참 후 엄마는 검은색 봉지를 가슴에 한 아름 안고 헐레벌떡 달려왔다.

"너 이제 중학생인데 뭐 문제집이라도 사야 하는 거 아닌가 싶어서.."

공부하라는 잔소리 한번 없던 엄마가 대뜸 문제집 얘기를 꺼내니, 눈앞이 아득해졌다.

"..그래서 서점에 들어갔는데, 요즘 이 책이 유행이라잖아."

엄마가 내민 비닐봉지 안에는 문제집이 아닌, 난생처음 보는 책들이 무더기로 들어있었다. 책 표지에는 '해리포터와 마법사의 돌'이라 적힌 제목과 멍청해 보이는 남자아이 그림이 그려져 있었다. '책이 유행한다'는 말도 생소했고, 더군다나 열권이나 되는 (당시 4편 불의 잔까지 출간됐었다) 책을 다 읽을 자신도 없었다. 나는 엄마가 건네는 검은 비닐봉지를 시큰둥하게 받아 들었다. 그렇게 해리포터를 처음 만났다.

우려와 달리, 나는 우유에 퍼지는 코코아 가루처럼 마법사 세계에 심취했다. 한 장 한 장 넘길 때마다 손에는 송골송골 땀이 맺혔고, 그 땀을 바지에 닦아내느라 정신이 없었다. 이토록 뭔가에 홀리듯 빠져드는 책은 처음이었다. 책을 한번 읽기 시작하면 시간이 멈춘 듯했다. 밤에 자기 전 잠깐 책을 펼쳤다가 정신 차리고 보면 창밖에 동이 트고 있었다.

런던을 배회하던 우리는 어느새 해리포터 스튜디오에 도착했다. 거

대한 상아색 건물에는 해리포터와 워너브라더스사의 로고가 크게 박혀 있었다.

입장하기 전 우리는 선뜻 들어가지 못하고 입구 앞을 서성거렸다. 도착 시간보다 5시간이나 늦은 오후 6시 입장 티켓을 예매했기 때문이었다. 해리포터 스튜디오는 워낙 인기가 좋아 이른 시간대의 티켓은 대부분 매진이 된다. 우리는 런던에 오기 전 급하게 예매한 탓에 좋은 시간대는 놓쳐버렸다. 일정상 어쩔 수 없이 스튜디오에 미리 도착했고, 입장이 거부되면 들여보내 줄 때까지 그 앞에서 쭈그려 앉아 기다릴 심산이었다. 먼저 다녀온 사람들의 후기를 보니 운 좋으면 시간대에 상관없이 입장이 가능하다고 했다. 물론 운 나쁘면 티켓 입장 시간 5분 전에도 제지당할 수 있었다. 아무렴 어떠냐는 마음으로 무작정 들어왔지만, 동공은 심하게 흔들리고 있었다. 입장이 될까 안될까 반신반의하며 직원에게 티켓을 넘겼다. 직원은 유심히 우리 티켓을 바라보더니 안으로 들어가도 좋다고 고개를 까딱했다.

"Thank you!!!"

발걸음이 말도 안 되게 가벼워져 실내의 중력이 달라진 건지 의심이 들었다.

이윽고 우리 눈앞에 거대한 문이 나타났다. 화려한 조각들이 새겨진 벽 한 가운데에 5m는 족히 되어 보이는 황금빛 대문이 밝게 빛나고 있었다. 잠시 후 문이 스르륵 열리고 관람객들은 우르르 대연회장 안으로 이동했다. 해리도 이 문을 열고 들어가 기숙사 배정을 받았고 이후 그의 삶은 180도 달라졌다.

나도 한때는 호그와트 학생이 될 거란 기대를 품은 적이 있었다. '혹시 내게 마법사의 피가 흐르진 않을까' 하는 근거 없는 망상이 나를 사로잡았다. 하루라도 빨리 마법사 학교에 입학하고 싶었고, 머글(마법사가 아닌 사람)들이나 다닐 중학교 입학식이 코앞이었기에 급히 호그와트로 편지 한 통을 보냈다.

'호그와트 마법학교 관계자분께,
안녕하세요? 저는 호그와트 입학이 꿈인 성보미입니다.
저는 용기 있고 모험심이 강하므로 그리핀도르에 적합한 인재입니다.
제가 마법을 쓸 수 있는지는 아직 알 수 없으나, 입학의 기회를 주신다면 최선을 다해 보겠습니다!'

수신인의 주소는 알 수 없었으므로 '호그와트 마법학교'를 영어로 한 자 한 자 정성스럽게 적어 우체통에 넣었다. 며칠 뒤, 편지는 반송됐다. 그렇게 될 줄 알고 있었음에도 돌아온 편지를 보며 크게 낙담했다. 마법사가 아닌 머글로 살아야 한다는 현실을 받아들이는 데 며칠이 걸렸다.

비록 나는 평범한 중학생이었지만 그 후로도 해리와 함께 성장했다. 해리가 매년 방학을 마치고 호그와트로 돌아갈 때마다, 나 역시 한 학년씩 올라갔다. 손에서 해리포터 책을 놓지 못했고, 이미 너덜너덜해진 책들을 읽고 또 읽었다. 결국 보다 못한 엄마가 집에 있던 해리포터 시리즈를 몰래 내다 버리고서야 나의 마법 세계는 끝이 났다.

해리포터 스튜디오는 해리의 모든 시간이 담겨있었지만, 동시에 나의 시간도 그곳에 존재했다. 그건 나와 동행한 영은이도 마찬가지였을 것이다. 우리는 흥분한 목소리로 책 내용을 얘기하고 또 얘기했다. 한참을 떠들고 보니 그게 해리의 추억인지 나의 추억인지 구별이 되질 않았다.

스튜디오에서 가장 인상적이었던 공간은 마법사들의 쇼핑 스트리트라 불리는 '다이애건앨리'였다. 현실인지 환상인지 모를 정도로, '그럴싸하게' 꾸며둔 탓에 한동안 그곳에서 헤어 나오지 못했다. 우리는 오전에 마주쳤던 킹스크로스역 9와 4분의 3 승강장 앞의 사람들과 많이 닮아있었다.

다이애건앨리를 지나자, 호그와트 급행열차가 거대한 철로 위에 등장했다. 열차 안에는 해리와 론이 나란히 앉아 있었다. 비록 모형이었

지만, 두 사람을 보는 순간 코끝이 시큰해졌다. 두 사람이 처음 기차에서 만나 대화하던 장면들이 떠올랐다. 론은 엄마가 싸준 샌드위치를 부끄러워했고, 해리는 그런 론을 안쓰러워하면서 동시에 부러워했었다. 그 후로도 두 사람은 열차 안에서 온갖 맛이 나는 젤리를 먹으며 웃고 떠들었다. 나는 열차 칸에 조용히 앉아, 때 묻지 않은 순수함을 느꼈다. 어른이 되고 한참 지나서야 알 수 있는 그런 순수함, 말이다.

이제 어른이 된 해리와 론은 이곳에 없겠지. 주책맞게 눈물이 났다. 울컥하는 마음은 다음 코너에 있는 버터맥주가 달래주었다. 부드러운 크림 아래로 시원한 탄산이 느껴졌고, 새콤달콤했다. 책을 읽으며 상상했던 맛과는 조금 달랐지만, 해석의 차이라고 생각하니 그 또한 매력적인 맛이라 여겨졌다.

마침내 작별의 시간이 다가왔다. 마지막 전시실에는 호그와트 축소 모형이 있었다. 축소판이라고는 하지만, 그 규모가 엄청나 전시실을 크게 한 바퀴 돌아야 구석구석 볼 수 있었다. 우리는 하염없이 넋을 놓고 호그와트를 바라봤다. 시간이 멈춘 듯했다. 아니, 시간이 멈추길 바랐다고 하는 게 정확할 것 같다. 그 멈춘 시간동안, 해리와 나의 지나간 세월이 파노라마처럼 스쳐 지나갔다.

"호그와트는 어느 각도에서 봐도 참 예술이네."

"그러게, 이렇게 또 보내줘야 하나.."

아쉬운 마음을 아는지 모르는지, 호그와트는 푸른 불빛을 온몸으로 반사하며 그 위용을 드러냈다. 시계탑, 운동장, 뾰족하게 올라선 건물들과 그 사이를 연결하는 다리. 눈을 뗄 수 없이 아름답고 반짝이는 추억이 곳곳에 있었다.

"다시 처음부터 관람해도 되나?"
"3시간 전으로 시간을 되돌리고 싶다."
"난 셔틀버스를 처음 탔던 순간으로."
"난 해리 포터를 읽던 그 겨울방학으로."

우리는 푸념을 실컷 늘어놓고서야 간신히 스튜디오 건물을 빠져나올 수 있었다. 그곳에서 나는 오랜 친구 해리와 조우했고, 또 오랫동안 잊고 있던 '무언가를 좋아하는 마음'을 되찾았다. 힘없이 꺼져가던 열정의 불씨는 이미 활활 타오르고 있었다.

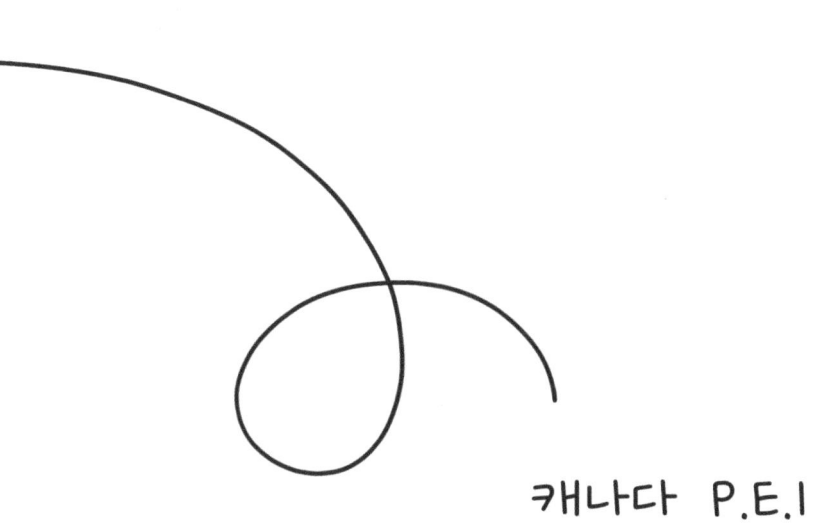

캐나다 P.E.I

2018. 07

내 친구, 영은이

영은이는 한국에 돌아가자마자 해외 연수를 준비할 거라고 했다. 타지에 나가 있는 내가 영은이에게 자극이 됐는지는 알 수 없지만, 비슷한 시기에 해외로 떠나는 친구들이 많았으므로, 지금이 그런 시기인가 생각했다. 친구들은 해외에서 학위를 따거나 자유롭게 여행했다. 그간 바쁘게 돈 벌었으니 여유도 있겠다. 미혼이라면 별다른 제약도 없으니 언제든 떠날 수 있었다. 그 나이대에 할 수 있는 가장 큰 일탈이기도 했다.

마침 영은이가 다니던 회사에는 해외 연수 프로그램이 있었다. 영은이는 영어를 곧잘 했기 때문에 이듬해 캐나다 연수 프로그램에 합격했고, 머지않아 캐나다로 떠났다. 나는 프랑스, 영은이는 캐나다. 우리는 대서양을 사이에 두고 각자 낯선 타지에서 정착을 시도했다.

"살아 있냐?"

"죽지 못해 숨 쉬고는 있지."

"잘 지내고 있군."

"너는 어떤데? 캐나다는 살 만한가?"

"일 안 하고 공부만 하니까 하루하루가 행복하다."

"부럽구먼. 캐나다 함 가보고 싶네."

"언제 한번 와. 안 그래도 여름방학 때 그린게이블즈 갈까 했는데."

"그린게이블즈???"

몇 개월 만의 통화였지만 여전히 담담하면서 유쾌했다. 주고받는 말 사이에 흐르는 침묵도 편안했다. 지난 20여 년간 우린 늘 그래왔다. 자주 만나진 못해도 한결같이 익숙한 관계. 우리는 별다른 노력을 기울이지 않아도 서로를 이해할 수 있었다.

영은이와는 중학교 3학년 때 같은 반이 되면서 친해졌다. 15살의 영은이는 작고 깡마른 체구에 유난히 피부가 희었다. 눈을 살짝 가리는 긴 앞머리 때문인지 어딘가 음울해 보였다. 학기 초 영은이는 의자에서 엉덩이를 떼는 법이 없었다. 쉬는 시간에도 자리에 앉아 묵묵히 책을 읽었는데, 목청이 크고 괄괄한 나와 정반대인 그 아이가 나는 어쩐지 궁금했다. 그래서 쉬는 시간만 되면 영은이에게 다가가 괜히 말을 걸곤 했다.

하루는 영은이가 '1만 년 동안의 화두'라는 책을 읽고 있었고, 나는 심오한 제목과 어마어마한 책 두께에 살짝 주눅이 들었다. 어린 마음에 나는 괜히 심술 궂게 물었다.

"1만 년 동안의 화두? 화투 치는 법이라도 배우는 거야?"

큰 소리로 장난치니 주위에 있던 아이들도 따라 웃었는데, 정작 영은이는 심드렁한 표정으로 나를 바라봤다. 순식간에 웃음거리가 됐기 때문에 화를 낼 수도 있었을 텐데, 영은이는 그러지 않았다. 덤덤한 그녀의 반응에 되레 내 얼굴이 붉어졌다.

영은이는 여리여리해 보이는 겉과 달리 속이 깊고 단단한 친구였다. 친해지고 보니 나보다 더 한 수다쟁이란 사실도 알게 됐다. 종종 우리는 교실에 나란히 앉아 "좀비가 창궐하면 어디로 숨을까?", "아무래도 마트가 좋겠지? 먹을 게 많으니까", "일단 옥상으로 올라가야 해. 그래야 구조될 수 있어"라며 다소 황당하고 엉뚱한 상상을 하곤 했다. 수업 시간에도 수다는 끊이지 않았는데, 모범생인 영은이 덕에 선생님의 시선에서 벗어날 수 있었다. 때때로 나만 불려 나가 손바닥을 맞기도 했지만, 그런 순간까지도 웃음은 참을 수 없이 터져 나왔다. 둘 다 노래 취향도 비슷해서 이어폰을 나눠 꽂고 MP3에 저장해 둔 음악을 신나게 들었다. 뮤지컬 노래가 흘러나오면 파트를 나눠서 따라 불렀다. 내가 '쿵' 하면 '짝'하고 돌아왔다. 그녀는 더할 나위 없는 나의 수다 메이트였고 우린 금세 단짝이 됐다.

책을 좋아하는 영은이의 영향을 받아 동네 도서관을 기웃거리던 무렵, 때마침 학교에 도서관이 생겼다. 기름칠한 지 얼마 안 돼 반들반들 윤이 나는 고동빛 책장에 새 책들이 줄지어 꽂혔다. 도서관은 새것 냄새에 환장한 학생들로 문전성시를 이뤘다. 영은이와 나도 점심시간이 되면 급식을 후다닥 먹어 치우고 도서관으로 달려갔다. 나는 보통 음침하고 긴장감 넘치는 추리 소설이나 야시시하고 로맨틱한 연애 소설을 찾아다녔는데, 어느 날 책장에 꽂힌 빨간 머리 앤 전집이 눈에 들어왔다.

어릴 적 애니메이션으로 먼저 알게 된 앤은 친숙한 인물이었지만 한편으론 베일에 싸인 존재처럼 느껴지기도 했다. 자신을 홍당무라 놀리는 길버트의 머리를 힘껏 내리치는가 하면, 자기 외모를 흉보는 린드 부인에게 고래고래 소리 지르던 여자아이. 그때 내가 앤에 대해 아는 건 그 정도였다. 앤은 대체 왜 그랬을까. 나는 생각보다 앤에 대해 아는 게 별로 없었다.

도서관에서 우연히 빨간 머리 앤을 발견한 그날부터 나는 8권에 달하는 앤 전집을 한 권씩 읽어 나갔다. 이야기는 앤의 유년 시절을 시작으로 엄마가 된 중년의 삶까지 흘러갔다. 찬찬히 그녀의 삶을 따라가던 나는 자연히 앤에게 푹 빠졌다. 앤은 단순히 천방지축에 엉뚱하기만 한 아이가 아니었다. 앤은 사랑이 넘치고 또 그 사랑을 누구에게든 나눌 줄 아는 성숙한 소녀였다. 앤의 밝은 기운은 주위 사람들을 행복

하게 했고, 누구든 앤을 보면 사랑에 빠졌다. 어두운 시기일수록 사랑은 빛나는 법이다. 출간 이후 1차 세계 대전을 겪었던 캐나다 사람들에게 앤이 얼마나 큰 위로가 됐을지 상상조차 어렵다. 방구석에서 뒹굴뒹굴하는 중학생인 나까지도 앤에게서 위안받았으니 말이다. 중2병을 거치면서 매사를 비관적이고 염세적으로 바라봤던 나는 앤을 통해 긍정의 에너지를 믿게 됐다. 내게 꼭 필요했던 명랑함을 앤에게서 배웠다.

영은이 역시 앤의 이야기에 금방 심취했다. 우리는 두툼한 앤 전집을 겨드랑이에 끼고 나란히 복도를 활보했다. 좀비보다 앤에 대해 더 많이 얘기했고, 앤이 얼마나 매력적이고 열정적인 삶을 살았는가에 대해 토론했다. 앤과 다이애나처럼 붙어 다니며 빨간 머리를 찬양했다.

그렇게 우리를 시작으로 같은 반 친구들도 빨간 머리 앤을 돌아가며 읽기 시작했고, 얼마 지나지 않아 반 전체에 '앤 열풍'이 불었다. 이대로 가만히 있을 순 없었다. 마침 3학년 기말고사가 끝나, 중학교에서의 마지막 수업이 얼마 남지 않은 시기였다. 진도가 이미 끝난 교과는 보통 다 같이 영화를 보거나 자율 학습 시간을 가졌다. 나는 그 시간을 활용해 빨간 머리 앤의 이야기를 담은 연극 한 편을 만들면 어떻겠냐 제안했고, 영은이도 그 의견에 적극 찬성했다. 우리는 반 친구들을 설득해 본격적으로 연극을 만들기 시작했다.

빨간 머리 앤 역할은 나였고, 다이애나는 영은이었다. 우리는 수업이 끝나면 기다렸다는 듯이 소강당에 모여 연기 연습을 했다. 서로를 앤과 다이애나라 부르려니 초반엔 오글거린다며 몸을 비틀었지만, 시간이 갈수록 우리는 서로의 호칭을 자연스럽게 받아들였다. 어쩔 땐 흰 피부에 새카만 머리카락을 가진 영은이가 정말 나의 다이애나처럼 느껴졌다.

어느덧 우리가 연극을 만든다는 소식은 전교에 퍼졌고, 연극을 보고 싶다며 찾아오는 관객들이 줄을 섰다. 장난처럼 시작한 연극이었지만 무대 위와 아래 그 어디에도 진지하지 않은 사람은 없었다. 앤의 마지막 대사로 극이 끝나고, 나와 영은이를 비롯한 반 친구들 모두가 무대로 나와 관객들에게 인사를 올렸다. 낯선 학생들과 선생님들로 채워진 객석에서 박수가 쏟아졌다. 태어나 처음 받아본 관객들의 환호에 나도 영은이도 눈시울을 붉혔다. 우리는 무대에 멍하니 서서 관객석을 바라봤다. 박수 소리는 점차 잦아들었지만, 가슴속 울림은 더욱 커져만 갔다.

빨간머리 앤을 만나다

'피이이잉 타아아아!'

거친 굉음과 함께 비행기는 낯선 캐나다 땅에 발을 뻗었다. 비행기에서 내리는 순간, 여름이란 계절이 무색하게 찬 공기와 상쾌한 바람이 온몸을 휘감았다. 파리의 여름보다 서늘했고 시원하다 못해 추웠다. 서둘러 가방에서 얇은 바람막이 하나를 꺼내입었다. 샬럿 공항은 시골 마을답게 규모가 아담했다. 출구에서 몇 걸음 걷지 않아 바로 주차장과 도로가 나왔다. 나는 영은이의 제안대로 머나먼 캐나다 땅을 밟았다. 그린게이블즈에 가기 위해서였다.

그린게이블즈는 빨간 머리 앤이 매튜 남매에게 입양되어 어린 시절을 보낸 집이다. 흰 꽃이 만발한 사과나무 길을 지나 언덕 아래로 난 오솔길을 따라가면 보이는 초록 지붕의 아늑한 집. 작품 속 그린게이블즈는 따뜻하고 정겨움이 넘치는 공간이었다. 빨간 머리 앤을 집필한 작가 '루시모드 몽고메리'가 살던 캐나다 동부의 섬 '프린스에드워드 아일랜드(P.E.I)'에는 앤의 흔적이 곳곳에 남아 있었다.

영은이와 나는 택시를 타고 숙소로 이동했다. 에어비앤비에서 예약한 숙소는 방 하나를 단독으로 쓰고, 주방과 욕실은 다른 숙박객들과 공유하는 형태의 전원주택이었다.

숙소에 도착하자, 빨간 머리 앤의 머리카락 색깔을 연상케 하는 빨간 대문이 우리를 제일 먼저 반겼다. 벽면에는 문 색깔과 대조적으로 연한 하늘색이 칠해져 있어 묘하게 옛 감성을 자극했다. 왠지 저 문을 열면 흰 앞치마를 두르고 양손에 오븐 장갑을 낀 풍채 좋은 할머니가 "어서 들어오렴"하며 따뜻하게 웃어줄 것 같았다.

"Come on in!"

대문 너머엔 푸근한 백발노인 대신, 건강미 넘치는 중년의 여성이 서 있었다. 그는 활짝 웃으며 우리 팔을 잡아끌었다. 어찌나 반가워하던지, 혹시 어디서 만난 적 있었나 싶을 정도였다. 호스트는 우리에게 집 곳곳을 소개하며 말을 이었다. 그의 목소리는 활기 넘쳤고, 말은 끊김이 없었다. 발걸음도 어찌나 힘 있고 당찬지, 땅에 부딪히는 경쾌한 발소리가 리드미컬하게 천장을 울렸.

그는 실제로 이 집에서 살았고, 빨간 머리 앤 전시관 직원으로 오랫

동안 일했다고 자신을 소개했다. 지금은 옆 동네로 이사했지만, 여전히 앤을 사랑하고 있다고 말했다. 그에게 빨간 머리 앤은 소꿉친구 같은 존재이며, 앤을 사람들에게 소개하는 일이 가장 보람되다고 덧붙였다. 그 말을 전하는 호스트의 눈빛이 반짝반짝 빛났다. 그는 마치 PEI에 사는 또 다른 앤 같았다.

집은 앤틱하고 아기자기한 멋이 있었다. 에메랄드빛으로 덧칠된 낡은 책장에는 빨간 머리 앤과 관련된 책들이 빼곡히 꽂혀 있었다. 창가 앞에는 50년은 족히 돼 보이는 다리미와 다림판이 놓여 있었고, 방금까지 누군가 여기서 집안일하다 잠깐 외출한 것처럼 보였다. 삐걱거리는 계단을 올라가면 세 개의 방과 하나의 큰 욕실이 나왔다. 그중 가장 아담하고 귀여운 방이 우리가 묵을 곳이었다.

캐리어 하나 간신히 펼칠 정도로 공간은 넉넉하지 않지만, 창밖으로 보이는 마을 한 모퉁이와 구름 한 점이 마음을 금방 풍족하게 만들었다. 우린 그곳에서 일주일간 머무르기로 했다.

이번 여행의 목표는 '천천히 여유롭게 앤을 느끼기'. 일정은 아침에 눈을 뜨자마자 즉흥적으로 정하기로 했다. 어느 날은 자전거를 빌려 동네를 누볐고, 또 어느 날은 침대에 종일 드러누워 애니메이션 빨간 머리 앤을 정주행했다. 공원에서 버스킹하는걸 보거나 체스를 뒀고, 마을에서 여는 작은 플리마켓도 기웃거렸다.

식사는 주로 집에서 해결했다. 아침에는 베이컨을 굽거나 스크램블드에그를 만들어 접시에 담고 과일 주스 한 모금에 여유를 부렸다. 저녁에는 팬에 버터를 두르고 스테이크를 구웠다. 식사가 끝나면 기다렸다는 듯이 맥주를 손에 쥐고 뒷마당으로 나갔다. 맥주를 홀짝이다 보면 얼마 지나지 않아 추위로 온몸이 부들부들 떨렸다. 추위는 둘째치고 그보다 더 견디기 힘든 게 있었는데, 그건 바로 사방에서 달려드는 모기떼였다. 캐나다 추위에 살아남은 녀석들이라 그런지, 기세가 맹렬하고 집요했다. 우리는 몸을 잔뜩 웅크리고 허공에 팔을 휘저었다. 낭만과는 다소 거리가 있었지만, 우리는 밤이면 밤마다 뒷마당에 나가 시간을 보냈다. 그곳에서 나누는 대화들은 금세 휘발됐다. 쉽게 말하고 쉽게 잊혔다. 무겁고 힘든 얘기는 꺼내지 않았다. 좁고 어두운 뒷마당에서 우리는 근심 없는 철부지 소녀가 되었다.

PEI에 온 지 사흘째 되던 날, 우리는 꼭두새벽부터 부지런히 움직였다. 대망의 '그린게이블즈'에 가는 날이었다. 우리가 묵었던 샬럿타운에서 그린게이블즈가 있는 캐번디시까지는 차로 약 40분 거리였다. 다행히 두 곳을 오가는 셔틀버스가 있었고, 새벽 첫차를 타야만 일정대로 천천히 그린 게이블즈를 둘러볼 수 있었다.

버스에 오르고 얼마 지나지 않아 그린게이블즈에 도착했다. 아직 개장 전이라 문은 굳게 닫혀 있었지만, 주변 마당과 산책로를 자유롭게 돌아다닐 수 있었다. 사람 하나 없이 한가했기에 오히려 좋았다. 아무도 없는 초록색 집 앞에서 마음껏 사진을 찍었다. 그린게이블즈를 배경으로 풀밭에 다리를 뻗고 앉아 온갖 포즈를 취했다.

약간의 등산도 감행했다. 집을 등지고 좁은 길을 따라 걷다 보면 울창한 산길이 이어졌고, 그곳에 앤과 다이애나가 뛰놀던 오솔길이 있었다. 오솔길은 두 명이 지나기엔 좁고 한 명이 걷기엔 넉넉해 보였다. 영화 세트장처럼 인위적이거나 조악하지 않았고, 소박하게 다듬어진 모양새가 앤이 걷던 그 길 그 자체였다.

"여기가 앤과 다이애나가 영원한 우정을 약속하던 그 오솔길인가?"

돌아오는 대답은 없었다. 대꾸 없는 친구를 향해 고개를 돌려보니, 영은이는 팔다리를 허우적거리느라 정신이 없어 보였다. 영원한 우정이고 뭐고, 눈앞에 모기떼가 무더기로 달려든 탓이었다. 새카만 산 모기들이 눈앞에서 잉잉거리는데 그 광경은 거의 재난 영화의 한 장면 같았다. 모기들 입장에선 아침 일찍부터 먹이가 제 발로 기어들어 오니 이게 웬 횡잰가 싶었을 것이다. 우린 풍경을 더 즐길 새도 없이 겉옷을 얼굴에 감싼 채 후다닥 산을 빠져나왔다. 도망치는 서로의 모습이 우스워 한참을 깔깔거리며 웃었다.

'영원한 모기들의 오솔길'을 빠져나온 우리는 다시 그린게이블즈로 돌아왔다. 어느새 관광객들이 몰려들었고, 녹색 지붕의 정겨운 우리 집 문도 활짝 열려 있었다. "빨간 머리 앤~ 귀여운 소녀~ 빨간 머

빨간머리 앤을 만나다

리 앤~ 우리의 친구!" 우리는 애니메이션 OST를 부르며 녹색 지붕 집 안으로 향했다. 문을 열고 들어서자마자 화려한 꽃무늬 벽지에 눈길이 갔다. 고증이 잘못돼도 한참 잘못됐다고 생각했다. 앤에게 항상 우중충한 잿빛 원피스만 입히던 머릴러가 이렇게 화려한 벽지를 붙였을 리 없었다. 다소 실망스러웠지만, 당시 유행하던 캐나다 스타일이겠거니 하며 스스로를 다독였다.

구경을 마치고 그린게이블즈에서 나온 우리는 마당에 앉아 잠시 휴식을 취했다. 그때 갑자기 우리 앞에 빨간 머리 소녀가 나타났다.

"빨간 머리 앤이다!!"

흰 원피스를 단정하게 차려입은 백인 소녀는 수줍게 미소 지으며 그린게이블즈 앞에 섰다. 그러곤 자신을 찍으라는 듯 팔 벌려 포즈를 취했다. 손을 흔들기도 하고 주변을 뱅그르르 돌기도 했다. 꽤 직업 정신이 투철한 앤이었다.

그녀에게 다가가 같이 사진을 찍어도 되겠냐 묻자, 앤은 밝게 웃으며 '물론!' 하고 답했다. 우리는 앤을 가운데에 두고 어색하게 사진을 남겼다. 한 5분 정도 지나자, 앤은 퇴근할 때가 됐는지 우리에게 작별 인사를 남기고 홀연히 사라졌다.

그린게이블즈를 빠져나와 근처 우체국에 들렀다. 작가 루시모드 몽고메리가 실제로 근무했던 곳으로, 그의 손과 발이 닿았던 공간이 그대로 보존돼 있었다. 몽고메리는 앤과 같은 사람이었을까? 아니면 앤처럼 되기를 꿈꾸던, 앤과는 조금 다른 사람이었을까? 감히 그녀의 일생을 추측해 보자면, 아마도 둘 다였을거 같다. 앤처럼 살기도 했지만 더더욱 앤처럼 살고 싶어 노력했던 사람. 모든 이들에게 사랑을 주면서 동시에 모든 이들이 사랑해 마지않는 앤처럼 말이다.

한참을 성공한 덕후로 시간을 보낸 우리는 잠시 숨을 고르기로 했다. 한적한 들판에 자리를 잡고 앉았고, 나무가 만들어놓은 조각난 그늘 안으로 몸을 구겨 넣었다. 그러곤 욱신거리는 종아리를 주무르며 그날 있었던 일들을 곱씹었다. 불과 몇 분 전에 봤던 것들을 시시콜콜 떠들며 까르르 까르르 웃었다.

잠시 후 폭포수 같던 수다 뒤에 정적이 흘렀다. 고요한 틈으로 불안한 마음이 스며들었다. 과하게 행복할 때마다 밀려오는 감정이었다. 행복 뒤엔 반드시 불행이 온다. 모든 감정엔 유효 기한이라는 게 있으니까, 조만간 이 행복도 끝날 것이다. 그냥 이 순간을 즐기자! 싶다가도, 곧 모든 게 끝나버릴 것 같아 조바심이 들었다.

　PEI에서의 시간은 평소보다 두 배는 빠르게 흘렀다. 이윽고 오지 않을 것 같았던 마지막 밤이 코앞까지 다가왔다. 우리는 자전거를 빌려 동네 구석구석을 돌면서 작별 인사하기로 했다. 천천히 마을을 한 바퀴 둘러보니, 정갈하게 닦인 도로는 한적했고 듬성듬성 난 주택들은 정겨웠다.

　"저 집 괜찮지 않아? 크기도 적당하고 집 앞에 나무도 귀엽네."

　"딱이다. 저기 빨간 지붕 집도 괜찮지?"

　"진짜! 여기 집 한 채 사려면 얼마가 필요할까?"

"나중에 여기 집 하나 사놓고 휴가 때마다 오면 좋겠다."

"적금 하나 들까?"

"좋은데? 애 다 키우고 나면 노후에 여기서 같이 살자."

우리는 있지도 않은 애를 벌써 다 키우고, 캐나다 PEI의 한적한 동네에서 노후를 보내는 상상까지 마쳤다. 자전거 바퀴는 쉼 없이 굴러갔고 우리의 황당한 미래 계획도 계속됐다.

페달을 밟을수록 캐나다의 작은 섬마을에 깊게 빠져들었다. 완벽하게 아름답고 평화로웠다. 차들은 빨간불이든 파란불이든 서행했다. 심지어 차도에 파란불이 떴는데도 차는 우리가 먼저 지나가기를 기다렸다. 사람들은 항상 웃는 표정이었고, 어디서든 마음이 몽글몽글해졌다. 이곳에서 보낸 유년 시절은 단 1초도 없는데 어릴 때부터 다니던 동네처럼 편안하고 친숙했다. 해외를 가면 여지없이 느끼는 어색하고 불편한 마음이 단 한 순간도 들지 않았다.

출출해진 우리는 근처 'COWS'에 들려 아이스크림을 하나씩 골랐다. 한 손에 아이스크림을, 다른 손에는 자전거 손잡이를 쥔 채 앉을 곳을 찾아 배회했다. 눈앞에 바다가 훤히 보이는 벤치가 눈에 띄었다. 마치 의식이라도 치르듯 벤치에 앉아 조용히 PEI에서의 마지막 저녁을 맞이했다. 석양은 잔잔한 바다에 서서히 녹아들었다.

나는 별생각 없이 흥얼거리기 시작했다. 내 즉흥 노래에 맞춰 영은이는 화음을 넣었고 그럴싸한 듀엣 무대가 완성됐다. 낡은 교실에서 이어폰을 나눠 꽂고 노래를 맞춰 부르던 시절이 떠올랐다.

"우리 다음에도 또 올 수 있을까? 여기."

"당연하지. 10년이 되든 20년이 되든. 언젠가 꼭 다시 오자."

마침 우리 곁으로 한 무리의 동양인 관광객이 지나갔다. 그들 무리 끝에는 백발의 두 여성이 느릿한 걸음으로 뒤따라가고 있었다. 두 사람은 구부정한 허리에 간신히 힘을 주며 걸었다. 불편해 보이는 걸음걸이와는 상반되게, 그들의 얼굴엔 연신 싱글벙글 웃음꽃이 피어있었다. 두 볼을 붉히며 소녀처럼 웃는 두 노인의 모습이 낯설지 않았다. 나는 두 그림자가 시야에서 사라질 때까지 바라보고 또 바라봤다. 영은이의 시선도 나와 같은 곳을 향해 있는 것 같았다.

곧이어 붉은 태양이 바다를 향해 뛰어들었다. 하늘도, 바다도 온통 붉게 물들었다. 해가 지기 직전이 가장 붉게 타오른다고 했던가. 우리 여행도 그렇게 강렬한 마침표를 찍고 있었다.

앤이 좋아서, 앤처럼 살고 싶어서, 앤의 흔적을 찾아온 여행이었다. 하지만 이 순간 여기에 영은이가 없었다면, 이 여행이 이다지도 완전할 수 있었을까. 지금껏 나는 영은이를 다이애나 같은 친구라 생각했는데, 아니었다. 영은이는 내게 다이애나이자 앤이었다. 어쩌면 '빨간 머리 앤'이라는 작품 그 자체일 수도 있겠다. 나는 언제나 영은이와 함께 푸르른 언덕 아래 그린게이블즈를 보고, 초록 지붕 아래에서 다과회를 여는 어린 앤과 다이애나를 만난다. 그리고 두 친구를 향해 목청껏 외친다.

"안녕 앤! 안녕 다이애나! 다음에 또 놀자!"

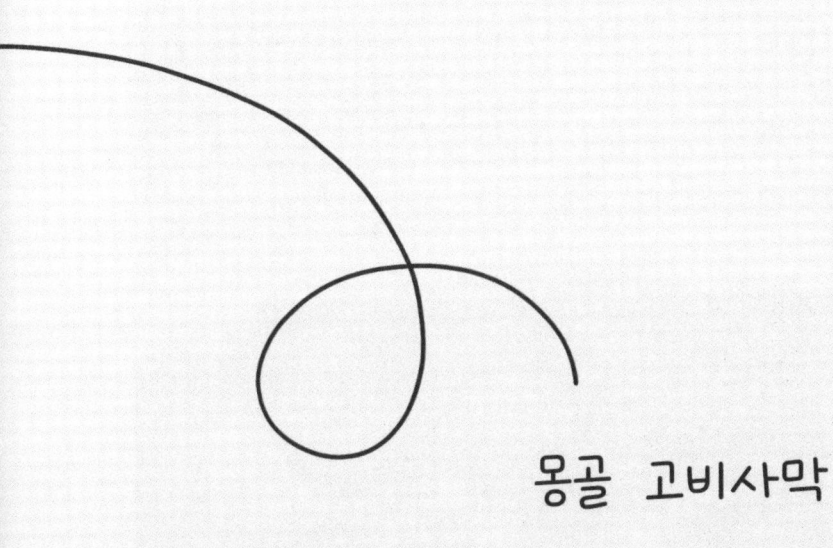

몽골 고비사막

2022. 08

별이나 원없이 실컷 보고 싶네

 사직서를 제출했다. 퇴사를 결심할 때만 해도 분명한 이유가 있었는데, 막상 방구석에 틀어박혀 곱씹어 보니 도무지 그 이유가 떠오르지 않았다. 알 만한 기업부터 처음 보는 회사까지 이력서를 뿌렸지만, 돌아오는 건 단출한 두 글자, '탈락'뿐이었다.

 남자 친구와도 이별했다. 친구에서 연인이 된 사이라 그런지, 두 사람을 한꺼번에 잃은 것 같았다. 그렇게 하루아침에 실연과 실직을 동시에 겪었다. 처음엔 얼떨떨했고, 곧 무기력해졌으며, 조금 더 지나서는 늪에 빠진 기분이 들었다. 아무리 몸부림쳐도 앞으로 나아가지 못하고 점점 가라앉기만 했다.

 아침이 오는 게 두려웠다. 동이 트고 방 안에 햇살이 스며들면, 한숨이 절로 났다. 아, 또 하루가 시작됐구나. 그때 내가 할 수 있는 유일한 일은 시곗바늘을 눈으로 밀어내며 시간을 흘려보내는 것뿐이었다.

　무기력에 불안까지 더해졌다. 나이에 연연하는 삶은 진부하다고 생각했지만, 30대 중반에 접어드니 조급해지는 건 어쩔 수 없었다. 때때로 알 수 없는 무언가에 쫓기는 기분도 들었다. 한창 벌어야 할 나이에 전 재산 탈탈 털어 도피성 유학을 다녀왔고, 돌아오고 보니 집도 차도 없는 백수 신세에 실연의 상처까지 안았다. 불안한 게 당연한 걸지도 모르겠다. 주변을 보면 다들 높은 연봉에 승진도 하고 결혼도 하고 애도 낳고 잘만 사는데, 나는 왜 이렇게 모든 게 제자리일까? 박탈감은 걷잡을 수 없이 커져 있었다.

　우울함에 허덕이던 나를 끌어낸 건 영은이였다. 하루는 머리를 식힐 겸 영은이와 캠핑을 떠났다. 땅에 팩을 박고, 폴대를 세우는 사이 밤이 깊어졌다. 나란히 앉아 영양가 없는 대화를 주고받았고, 시간이 갈수록 말은 점차 줄어들었다. 침묵 사이로 밤이 깊어지는 소리만 고요히 울렸다. 문득 고개를 들어 멍하니 하늘을 바라봤다. 별은 이 사이에 낀 자잘한 후춧가루처럼 보일 듯 말 듯 희미하게 흩어져 있었다.

　"별 보기가 이렇게 힘드나.."

　"별? 몽골 가면 실컷 볼 수 있는데."

　영은이는 대학생 시절 몽골에 다녀왔다. 당시 그녀가 한 얘기들은 다소 충격적이었으므로 나는 죽었다 깨어나도 몽골엔 가지 않겠다고 다짐했었다. 모래 폭풍이 몰아치면 코랑 입으로 모래가 한 움큼씩 들어오고, 재래식 화장실은 기본이며, 너른 들판이나 사막 한가운데에서 볼일을 보는 일도 다반사라 했었다. 한낮에 땀을 흠뻑 쏟아도 샤워할 물이 부족해 물티슈로 닦아내며 버텼다고 했다.

"근데, 해가 지면 그때부턴 정말 지상낙원이 따로 없어. 한낮의 고생은 싹 잊히더라."

눈을 감고 몽골의 밤하늘을 머릿속에 그려봤다. 하지만 본 적 없는 풍경은 그려지다 말기를 반복했다. 돌연, 영원히 미완성일 그 밤하늘이 궁금해졌다. 하늘에 비 내리듯 쏟아지는 별들을 직접 보고 싶었다.

곧장 몽골 동행을 구하는 카페에 가입했다. 몽골 사막은 반드시 가이드가 동행해야 하는데, 대개 여행사는 사륜구동차 한 대에 여섯 명의 정원을 채우는 상품을 제공한다. 여섯 명의 인원이 다 모이면 비용이 절감되고 여행도 다채로워지니, 대부분 온라인 커뮤니티에서 이름도 얼굴도 모르는 동행자들을 구한다.

하지만 동행자를 찾는 일은 쉽지 않았다. 대부분이 20대 초반의 대학생들이었기 때문이다. 낯선 이들과 부대끼며 고생스러운 여행을 즐기는 건 20대들에게 더 매력적이었나 보다. 열 살 넘게 차이 나는 친구들과 어울리는 건 내게도 마음의 준비가 필요한 일이었다. 물론 나는 괜찮을 수 있지만, 그들한테도 내가 괜찮을까라는 생각이 지배적이었다. 모집 글에 대놓고 '30세 이상은 받지 않습니다'라고 적어둔 친구들도 있었다.

　그러던 중 기적처럼 30대의 동행자들을 발견했다. 나는 그들에게 연락했고, 조금 지나자 남녀 각각 3명씩 총 6명이 알맞게 채워졌다. 우리 팀은 일사천리로 일정을 조율하고 현지 여행사에 예약까지 마쳤다. 각자 비행기 표와 울란바토르 숙소도 예매했다. 모든 준비는 사흘 만에 끝났다.

　달력을 펼치고 디데이를 손가락으로 짚어 봤다. 사막에 도착하는 날, 달의 상태도 확인하니 마침 그믐이었다. 별 보기엔 최적의 조건이었다. 모든 것이 완벽했다. 나는 더 이상 아침에 방 안으로 스며드는 햇살을 지겨워하지 않게 됐다.

사막의 맛

드디어 출국 날, 나와 동행자들은 급박한 일정 탓에 떠나는 당일까지도 얼굴 한번 볼 수 없었다. 우리는 메신저로 간단한 안부만 주고받은 뒤, 각자 같은 비행기에 올랐다. '몽골에 도착했는데 서로 못 알아보면 어쩌지?', '투어에 끼지 못하고 혼자 울란바토르에 남게 되는 건 아닐까?' 별별 걱정으로 괴로워하던 사이, 비행기는 몽골의 광활한 대지 위로 부드럽게 바퀴를 내렸다.

비행기에서 내린 뒤 짐을 찾으러 이동하려는데, 누군가가 나를 불러세웠다.

"혹시 성보미님이세요?"

"아! 네! 맞아요. 혹시.. 누구..?"

"안녕하세요. 저는 김진수에요."

"아, 안녕하세요! 어떻게 저인지 아셨어요?"

"머리를 보니 딱 포스가 느껴져서요."

당시 나는 짧은 기장에 복슬복슬한 파마를 하고 있었다. 마치 푸들 한 마리를 머리에 얹은 듯 강렬한 헤어스타일이었다. 나는 창에 비친 내 머리를 슬쩍 보곤, 한눈에 나를 찾아낸 그의 말에 수긍했다. 나를 알아본 동행자는 재빠르게 주변을 스캔하더니 팀원들을 한 명씩 찾아냈다. 그의 놀라운 눈썰미 덕분에 팀원들이 모두 모였고, 우리는 공항을 유유히 빠져나갔다.

다음날 이른 아침, 숙소 앞에는 하늘색의 푸르공 한 대가 우리를 기다리고 있었다. 푸르공은 과거 러시아에서 군용으로 제작됐지만, 이제는 몽골 여행자들의 필수 이동 수단이 되었다. 거친 사막길을 달리는 데 최적화된 데다, 외관도 독특해 관광하러 온 사람들에게 인기가 많았다. 다만, '탑승한 사람을 고려하지 않고 만든 차'라는 말이 있을 정도로 승차감에 대한 악평이 자자했다. 나는 두려움 반, 기대 반으로 푸르공에 올랐다.

초반에 포장도로와 비포장도로를 오갈 때는 비교적 순조롭게 달렸다. 그러나 도로라고 부를만한 게 더 이상 없는 순간이 오고서야 푸르공의 본모습이 드러났다. 몸은 차 안에서 튕겨 수습할 새도 없이 이곳 저곳 박치기하기 일쑤였고, 부딪힌 곳마다 멍이 남았다. 그 와중에도 희한하게 속은 멀쩡해서 한국에서 챙겨온 멀미약은 먹을 필요가 없었다. 대신 잠이 들만하면 내장까지 흔들리는 듯한 움직임에 고통스럽긴 매한가지였다. 숙소에 도착할 때쯤이면 핸드폰 만보기에 2만 보 이상이 찍혀있었다. 푸르공의 격한 흔들림에 만보기도 착각한 것이었다.

푸르공을 타고 다니면서 가장 놀라웠던 건 이정표도 없는 너른 사막을 달리는 기사님의 길 찾기 능력이었다. 도로도, 표지판도 없는 사막 한가운데에서, 그는 단 한 번도 길을 잃지 않았다. 내비게이션도 없이 질주하는 모습은 마치 초능력 같았다.

달리는 푸르공 창밖으로 낙타와 염소들이 보였다. 자유롭게 어슬렁거리는 그들을 보니 몽골에 온 게 실감 났다. 푸르공이 거친 소음을 내며 등장했건만, 짐승들은 눈길 한번 주지 않고 천천히 제 갈 길을 갔

다. 그들은 낯선 방문자를 전혀 두려워하지 않았다.

　기사님은 잠시 차를 세웠다. 경적을 울리는 대신, 늘 있는 일이라는 듯 아무렇지 않게 기다렸다. 나는 태평하게 지나가는 염소들과 그런 그들을 말없이 기다리는 기사님을 번갈아 봤다. 기사님에게서 자연의 흐름을 방해하지 않으려는 몽골인의 마음을 느꼈다. 도로가 어느 정도 뚫리자(도로라고 불릴 만한 것도 없었지만), 푸르공은 다시 우당탕탕 소리 내며 사막을 내달렸다.

　몽골 여행에서 운전기사만큼이나 꼭 필요한 존재는 가이드였다. 우리를 담당한 가이드는 한국말을 유창하게 하는 젊은 몽골인 여성이었고, 그의 이름은 바스카였다. 바스카는 잠잘 때를 제외한 모든 시간을 우리와 함께했으므로, 마치 우리의 일곱 번째 멤버 같았다. 바스카는 우리를 인솔하랴, 때 되면 밥하랴 항상 고생이 많았다. 나는 나보다 한참 어려 보이는 바스카의 고생이 늘 안쓰러웠다. 하지만 연민도 잠시, 나는 호기심을 못 이기고 바스카에게 몽골에 대한 이런저런 질문을 끊임없이 던졌다. 그의 이야기를 통해 몽골인이 사는 모습과 그들의 사고방식을 엿볼 수 있었다.

해가 중천에 뜨자 차 내부가 달아오르기 시작했다. 창문을 열려고 손잡이를 밀어봤지만, 창문은 꿈쩍도 하지 않았다. 두 손으로 온 힘을 다해 밀어붙였고, 얼굴까지 벌게지고서야 창문은 겨우 조금씩 열렸다. 좁은 창틈으로 바람이 들어왔는데, 기대와 달리 뜨겁고 건조한 열기뿐이었다. 마치 사막의 숨결 같았다. 목이 칼칼해졌고 입안에서 모래가 씹혔다. 하지만 불가마처럼 달궈진 차 안에서는 그마저도 반가웠다. 땀을 식히려면 이 모래 섞인 바람이라도 맞아야 했다. 그러다 보면 "아, 시원하다."는 말이 절로 났다. 입안 가득 사막의 맛이 느껴졌다.

이윽고 '게르'라는 몽골 전통 가옥에 도착했다. 커다란 천막으로 둘러싼 가옥 안에는 여섯 개의 침대가 원형으로 배치돼 있었고, 우리는 사이좋게 하나씩 자리를 차지했다. 여섯 명이 짐을 풀어놓기에 충분히 넓었고 침대도 제법 안락했다. 예상보다 쾌적한 숙소 상태에 안도했지만, 문제는 다른 곳에서 터졌다. 바로 화장실이었다.

공용 화장실은 딱 두 칸, 다른 게르에 묵는 수십 명의 관광객들이 다 같이 쓰기에는 턱없이 부족했다. 그래서 화장실 앞은 항상 붐볐고, 몰려드는 관광객을 감당하지 못했는지 너저분하게 방치돼 있었다. 변기 하나는 막혀 있었고, 다른 하나는 더러워서 앉기조차 꺼려졌다. 샤워실도 사정은 다르지 않았다. 문은 잠금장치도 고장 나 있었고, 샤워기에선 물이 한 방울씩 간신히 나왔다. 결국 나는 씻는 것도, 볼일 보는 것도 포기하고 침대로 돌아갔다. 몽골 신고식 한번 제대로 하는구나 싶었다.

힘없이 침대에 누워있던 그때, 바스카가 품에 선홍빛 살코기를 한아름 안고 나타났다. 삼겹살이었다. 곧이어 게르 안에는 삼겹살 구워지는 소리와 고소한 고기 냄새로 가득 찼다. 팀원들은 동그랗게 둘러앉아 불판 위 고기들을 낚아챘다. 비곗살이라 해도 될 정도로 지방이 두툼했지만, 나는 '방목으로 키워진 몽골 돼지들은 행복해서 지방이 많구나'라는 엉뚱한 행복회로를 돌리며 기꺼이 입안에 욱여넣었다. 기름 범벅이 된 입안을 몽골 맥주와 보드카로 씻어냈다. 완벽한 저녁 식사였다.

'꾸루룩'

그러나 그 평온도 잠시, 배 속에서 신호가 왔다. 더는 미룰 수 없었다. 나는 마음을 다잡고 게르 문을 열고 나왔다. 밖은 해가 져 한 치 앞도 보이지 않았다.

"우왓!!" 무심코 하늘을 올려다보고 나는 외마디 비명을 질렀다. 별이 쏟아지고 있었다. 지금껏 살면서 봐온 것들과 차원이 달랐다. '별이 많다'는 말로는 부족했다. 우주의 모든 별이 이곳으로 모여든 걸까 싶을 정도로 하늘에 별들이 반짝이고 있었다. 게르 밖엔 칠흑 같은 어둠과 은하수를 이룬 별, 둘 뿐이었다. 그 압도적인 광경에 눈물이 왈칵

쏟아졌다. 나는 들킬세라 옷소매로 눈가를 꾹꾹 눌렀다.

그래, 내가 이걸 보러 여기까지 왔지. 그제야 몽골에 온 이유가 기억났다. 머리가 쭈뼛쭈뼛 서고 온몸에 전율이 일었다. 비포장도로를 달리는 푸르공, 먹는 음식마다 풍겼던 양고기 누린내, 그리고 열악한 화장실까지. 몽골에서의 괴로웠던 경험들이 순식간에 별거 아닌 일들처럼 여겨졌다. 이 순간을 위해서라면 충분히 감수할 만한 것이었다.

우리는 돗자리와 카메라를 챙겨서 다시 나왔다. 적당한 바닥에 돗자리를 깔고 그 위에 벌러덩 누웠다. 해가 지니 날씨가 제법 쌀쌀해졌다. 외투로 몸을 둘둘 감싼 채 별 하나하나를 정성스럽게 올려다봤다. 별 하나도 놓치지 않겠다는 일념으로 은하수를 따라 차츰차츰 시선을 옮겼다. 주책맞게 눈물이 터져 나왔고, 짙은 어둠 속에 얼굴을 파묻었다. 이 밤하늘이 당장 사라지는 것도 아닌데 자꾸 흘러가는 시간에 애

가 탔다. 별똥별이 떨어지자, 나는 '우와' 하고 소리 질렀다. 고작 내뱉는 감탄사가 '우와' 뿐이라니. 부끄러웠다.

다음날도 또 그다음 날도 나는 해가 지기만을 기다렸다. 한낮의 뜨거운 뙤약볕이 견디기 힘들 때면 별을 생각

하며 버텼다. 날씨가 흐리면 혹시 별이 가려질까 걱정했고, 저녁을 먹다가도 해가 얼마나 졌는지 확인했다. 다행히 내가 머물렀던 일주일간 하늘은 맑았고 밤마다 별은 한결같이 반짝였다. 저녁을 다 먹고 난 뒤 씻고 잘 준비까지 끝내면, 우리는 어김없이 별 보러 나갈 준비를 했다. 반팔에 긴팔을 겹쳐 입고 수건을 몸에 두른 뒤 그 위에 바람막이를 걸쳤다. 이렇게 만반의 준비를 하고서도, 온몸을 파고드는 사막의 추위엔 버틸 재간이 없었다. 사막의 밤은 만만하지 않았다. 나는 몸을 비틀며 이깟 추위 하나 이겨내지 못하는 나 자신을 꾸짖었다.

어느 날 밤인가 나는 바스카에게 물었다.
"몽골 사람들은 별 보면 어때요?"
"음.. 글쎄요? 늘 보니까 좋은지도 모르죠. 잘 안 봐요. 별 같은 거."
바스카는 무심하게 툭 던지듯 답했다. 무언가에 익숙하고 당연해진다는 것은 아름다운 별을 보고도 아무 감흥이 없어지는 걸까?

나라고 다를 건 없었다. 나는 첫날 밤 이후 단 한 번도 별을 보면서 눈물을 흘리지 않았다. 소름이 돋는다든지, 전율이 일었다든지의 감정 변화도 점차 시들해졌다. 태도도 달라졌다. 처음 별똥별이 떨어지는 걸 봤을 땐 소리를 꽥 지르며 소원을 빌어야 한다고 설레발쳤었다. 하지만 며칠 지나자 나는 줄기차게 떨어지는 별똥별을 묵묵히 지켜보기만 했다. 그러자 별을 바라보는 일이 조금은 서글퍼졌다. 어쩌면 별도,

세상만사도 다 같은 이치가 아닐까?

남자 친구도, 직장도, 처음 마주하던 때를 떠올리면 가슴 두근대는 순간이 분명 존재했다. 마치 은하수를 처음 보던 날처럼 말이다. 그리고 시간이 흐르면서 처음의 그 감정은 무뎌졌다.

하지만 변하는 마음보다 중요한 건, 별은 여전히 아름답다는 사실이다. 별은 변하지 않았다. 별을 바라보는 나의 시선만 변했을 뿐. 나의 지나간 인연도, 직장도, 모두 언제나 그 자리에서 자신만의 가치를 지니며 반짝이고 있고, 앞으로도 그럴 것이다. 변한 건 그것들을 바라보는 나의 시선일 뿐이다. 그 사실을 잊어선 안 된다.

물론 그건 나 자신에게도 포함되는 얘기다. 나는 직업도, 사람도 잃었고, 재산이 많은 것도 아니지만, 내가 가진 본연의 가치는 변하지 않았다. 나는 별처럼 변함없이 내 자리에서 빛나고 있다. 지금처럼 앞으로도 쭉.

나는 별이 쏟아지는 몽골의 밤하늘을 다시 올려다보며 가장 크게 반짝이는 별 하나에 나를 새겨넣었다. 시간이 흘러 또다시 내가 나 자신을 파괴하려고 들 때, 저기 반짝이는 별이 나를 보호해 주기를 빌었다. 하늘에 얼굴을 파묻고 깨닫기를 바랐다. "맞아, 나는 변함없이 빛나는 사람이지."라고 말이다.

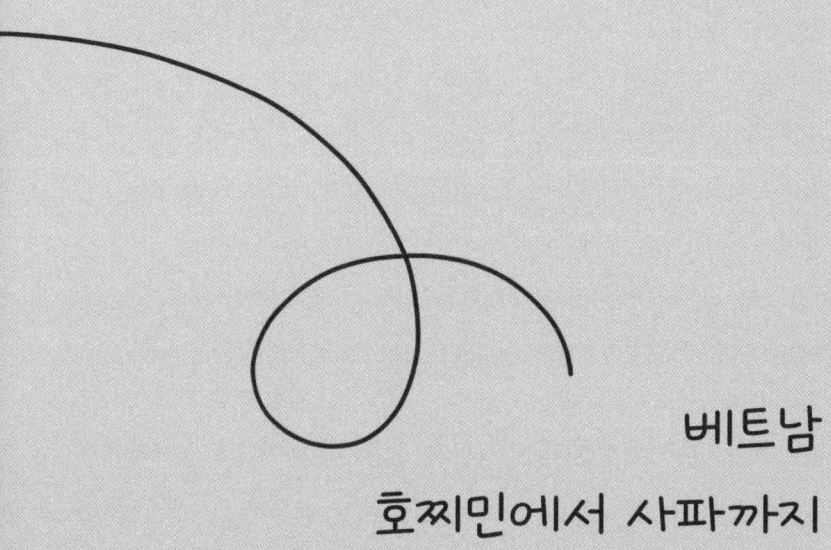

베트남
호찌민에서 사파까지

2023. 01

호찌민 기차 플랫폼에 서서

"이..익스큐즈미.."

빨간 모자를 푹 눌러쓴 작은 체구의 점원이 조심스럽게 말을 걸었다. 점원은 곱게 싸인 햄버거와 음료가 올려진 트레이를 들고 있었다. 조금 전 내가 주문한 햄버거였다. 햄버거집에서 직접 서빙까지 해주다니 당황스러웠다. 한국이었다면 전광판에 주문 번호를 띄워주거나, 주문 번호를 목청껏 외쳤을 것이다. 점원은 나를 한번 힐끔 보더니 테이블 위에 트레이를 조심스럽게 내려놓았다. 점원의 손이 미세하게 떨리고 있었다.

"깜어..ㄴ"

고맙다는 말이 끝나기도 전에 점원은 도망치듯 자리를 피했다. 나는 점원의 뒤통수를 벙찐 채 바라보다 이내 햄버거를 집어 들었다. 포

장지를 벗겨내자 볼품없는 빵이 모습을 드러냈다. 얄팍한 빵 사이에는 몇 장 안 되는 양상추가 나풀거렸고 그 아래 앙상한 패티도 보일 듯 말 듯 깔려있었다. 조카가 소꿉놀이 장난감으로 만들어주던 조악한 햄버거가 떠올랐다. 비록 한국보다 훨씬 저렴했지만, 맛까지 저렴하기를 원한 것은 아니었다. 한입 베어 물자, 허술하게 쌓인 재료들이 입안에서 모래성처럼 와르르 무너졌다. 남은 건 실망감과 허기짐이었다.

배가 여전히 고팠다. 나는 씹던 햄버거를 잠시 내려놓고, 가방 안주머니에서 기차표를 꺼냈다. 표에는 '호찌민 출발', '꽝응아이 도착'이라고 적혀 있었다. 호찌민에서 꽝응아이까지는 16시간이 걸렸다. 16시간. 그 어마어마한 시간 앞에서도 당당할 수 있었던 건, 운 좋게 슬리핑 기차를 예매했기 때문이었다. 누워서 편히 이동할 수 있다는 사실에 마음이 한결 가벼웠다.

나의 다음 여행지는 베트남 현지인들의 휴양지로 알려진 리썬(Lyson)섬이었다. 호찌민에서 섬까지 가려면 비행기나 기차를 타야 했는데, 비행기를 타면 택시와 기차를 네다섯 번씩 번갈아 타야 했다. 반면, 기차는 선착장과 가까운 '꽝응아이'까지 이동하기 때문에, 시간은 오래 걸리지만 복잡하지 않아 좋았다.

　16시간짜리 기차표를 예매했을 때, 가족과 친구들은 모두 기겁했다. 여자 혼자 무섭지도 않냐며 겁을 줬다. 당시 사귄 지 100일을 막 넘긴 남자 친구도 같은 반응을 보였다. 그는 한숨을 깊게 내쉬더니 심각한 얼굴로 후추 스프레이를 내 손에 꼭 쥐여주었다. 하지만 나는 이상하리만치 두렵지 않았다. 오히려 인생 첫 슬리핑 기차 여행을 떠난다는 사실에 들떠 있었다.

　시계를 보니 출발까지 한 시간이 채 남지 않았다. 갑자기 목이 메고 입안이 쩍쩍 갈라졌다. 퍽퍽한 햄버거 탓이 아니었다. 막상 탑승 시간이 가까워지니 초조해진 것이다. 한국에서 넘치던 패기는 온데간데없었다. 특히 열차 안에서 끼니를 어떻게 해결해야 할지 막막했다. 16시간을 공복으로 버틸 수는 없는 노릇이었다. 나는 남은 햄버거 쪼가리를 입안에 털어 넣고 서둘러 식당을 빠져나왔다. 역사 내 상점으로 발걸음을 재촉했다. 딱딱하게 굳은 피자빵 두 개를 사고, 물과 간단한 스낵, 두루마리 휴지도 가방에 구겨 넣었다. 그러고도 뭔가 놓친 게 없는지 가방을 뒤적이며 확인하고 또 확인했다.

　열차 출발 30분 전, 탑승장 입구에는 이미 많은 사람이 모여있었다. 어수선한 분위기 속에서 불길한 생각들이 튀어 올랐다. 혹시 티켓이 잘못된 건 아닌지, 잘못된 기차역을 찾아온 건 아닌지, 불안은 꼬리에 꼬리를 물고 이어졌다. 누구라도 좋으니 내 티켓을 보여주며 확인받고 싶었다. 주변에 눈을 씻고 찾아봤지만, 안내를 도와줄 만한 직원은 보이지 않았다.

딱 한 명, 역무원으로 보이는 남성이 있었는데, 그는 탑승장 입구 앞에 서서 고래고래 소리를 지르고 있었다. 어찌나 매섭게 호통을 치던지 몇몇 승객들은 하얗게 질린 얼굴로 자리를 피했다. 절박한 상황에 한 줄기 희망이 바로 저 무섭게 소리 지르는 덩치 큰 남성이라니, 암담했다. 그냥 기다렸다가 열차 시간 되면 들어가는 게 맞을까? 호찌민에 기차역은 이곳 하나뿐이던데 무슨 문제가 있겠어? 아냐, 그래도 만약 문제가 있다면 지금 해결해야해..

나는 꼬리를 살랑거리며 주인에게 애교부리는 강아지처럼 살금살금 역무원에게 다가갔다. 사람 좋은 척 세상 온화한 미소는 덤으로.

"실례합니다, 이 티켓으로 여기서 기차 타는 게 맞나요?"

출력한 기차표를 역무원에게 보여주며 영어로 물었는데, 그 순간 아차 싶었다. "여기는 베트남이야! 베트남말을 하라고!" 내 면전에 대고 고함치는 역무원을 상상했다. 끔찍했다. 역무원이 눈을 찡그리며 기차표를 들여다보자 심장이 빠른 속도로 쿵쿵 뛰기 시작했다. 핸드폰을 꺼내 번역기를 켜려는 순간,

"맞습니다. 10분 뒤에 줄을 서세요."

그는 소리를 꽥 지르지도 않았고 알아듣지 못할 베트남 욕을 내뱉

지도 않았다. 제법 정직한 발음의 영어로 답하며, 승차권을 꼼꼼히 살펴주었다. 예상 밖의 친절함과 그의 진지하고 섬세한 태도에 나는 안도의 한숨을 내쉬었다.

잠시 후 역무원이 목에 걸려있던 호루라기를 입에 물더니 삑 하고 소리를 냈다. 그러자 사람들이 역무원 앞으로 우르르 줄을 서기 시작했다. 줄은 순식간에 역 건물을 벗어나 출입문 밖까지 이어졌다. 새치기가 난무하고, 밀려드는 인파에 질서란 찾아보기 힘들었다. 그제야 나는 역무원이 왜 그토록 호통을 쳤는지 이해했다.

베트남 사람이 아닌 외국인은 나뿐인 듯했고, 그게 약점으로 잡힐까 걱정됐다. 눈을 부릅뜨고 주변을 쏘아보며 경계했지만 소용없었다. 사람들은 외국인이건 베트남인이건 상관없이 새치기를 시도했다. 나는 어느새 체념하고 뻔뻔한 새치기 군단들의 얼굴을 묵묵히 바라봤다. 그렇게 한참이 지나서야 플랫폼 안에 발을 디딜 수 있었다.

플랫폼 안의 사람들은 본인 몸뚱아리만 한 보따리들을 이리저리 짊어지고 둘러매며 걸음을 바삐 옮기고 있었다. 때는 1월. 우리나라에 설날이 있듯이 베트남에도 설과 같은 큰 명절 '뗏'이 있다. 베트남인들은 명절이 되면 하던 일을 멈추고 고향에 모여 2~3주간 가족들과 시

은근슬쩍 끼어드는 새치기 군단들이 있었다..

간을 보낸다. 명절을 철저히 지키는 그들의 관습 때문에 이 시기 대부분의 관광지는 물가가 2배에서 심하면 3배, 4배까지 오른다. 아직 명절이 3주가량 남았지만 기차에는 벌써 고향에 가려는 귀성객 행렬이 이어졌다. 탑승객 중에는 삼사십 대의 여성들이 많이 보였는데, 그들은 명절 음식과 옷가지를 보자기에 바리바리 싸서 머리에 이고 다녔다. 머리에는 짐을 지고, 등에는 갓난아기를 업고, 손에는 세 살배기 어린아이를 잡고 있었다. 허리가 꼬부랑한 할머니와 할아버지들도 이미 터질 듯한 박스를 테이프로 칭칭 감아 수레에 끌고 다니며 이동했다. 흡사 우리나라 90년대 귀성길 같다는 생각이 들었다. 전통을 지키고 가족과 시간을 보내려는 그들의 뒷모습에서 나는 알 수 없는 그리움을 느꼈다.

누워서 베트남 종단하기

열차에 올랐다. 내가 예약한 좌석은 한 칸에 침대 네 개가 위아래로 나란히 놓인 일등석이었다. 사람들이 왔다 갔다 할 때마다 떡 하니 보이는 1층보다는 조금 더 프라이빗한 2층을 선택했다. 내 좌석이 있는 4호 칸에 도착하자, 이미 승객들은 침대에 자리를 잡고 있었다.

1층에는 네댓 살로 보이는 아이와 그의 엄마로 보이는 여성이 앉아 있었고, 건너 침대에는 아이 둘과 배가 만삭에 가까운 젊은 아기 엄마가 누워 있었다. 내 침대 건너편 2층 침대에는 한국으로 치면 중학생쯤 되어 보이는 어린 남자아이가 앉아 있었다. 내가 캐리어를 칸 안으로 들이밀자, 4호 칸 승객들은 일제히 나를 바라봤다.

"헤..헬로우?"

어색하게 영어로 인사를 건네자, 아이 엄마들은 수줍게 깔깔 웃더니 자기들끼리 수다를 이어갔다. 맞은편 2층의 중학생 소년만이 들릴 듯 말 듯한 목소리로 "하이"라고 답했다. 갑작스러운 외국인의 등장에 다들 당황한 듯 보였는데, 어쩐지 불편한 기색은 아니었다.

침대 한쪽 구석에 캐리어를 올려둘 만한 공간이 있었는데, 무거운 캐리어를 2층까지 들어 올리는 것은 쉬운 일이 아니었다. 캐리어를 들고 낑낑거리자, 1층 침대에 누워 있던 만삭의 여성이 벌떡 일어나 내 캐리어를 바닥에 눕히는 시늉을 했다. 어리둥절한 채 바라보니, 그녀는 자신의 침대 아래 빈 곳을 가리키며 활짝 웃었다. 그제야 그녀가 내 캐리어를 자신의 침대 아래에 넣어주려 한다는 것을 깨달았다.

"아아! 오케이! 굿! 땡큐 베리 머치!"

나는 알만한 감탄사를 다 사용하며 고마움을 전했다. 그러자 맞은편 2층 소년이 침대에서 뛰어 내려오더니, 손쓸 새도 없이 내 캐리어를 눕히고 침대 아래로 집어넣었다. 깜짝 놀란 내가 엄지를 치켜세우자, 소년은 뒷머리를 긁적거리며 배시시 웃었다. 4호 칸 사람들은 하나같이 웃는 얼굴이 예뻤다.

2층 침대는 꽤 높았다. 처음엔 어떻게 올라야 하나 싶었는데, 자세히 보니 발을 디딜 수 있는 발판이 군데군데 나 있었다. 물론 발판은 처음부터 끝까지 친절하게 나 있지 않아서 대부분은 팔 힘으로 매달리듯 올라야 했다. 철봉 운동하듯 손과 팔에 잔뜩 힘주고 발을 하나하나 디디며 간신히 2층 침대 위로 몸을 날렸다. 팔 힘이 부족한 사람들은 어지간하면 1층 좌석에 앉는 게 나아 보였다. 기차에서 내릴 때쯤엔 내 팔근육도 한층 단단해질 것 같았다.

   침대에 오르니 나만의 공간에 들어온 거 같아 마음이 편안해졌다. 가방 안에서 간식과 물을 꺼내어 한쪽에 정리해 놓고, 잠시 긴장했던 마음을 내려놓았다. 어린아이들은 복도에서 웃고 떠들었고, 우리 칸에도 자유롭게 들락거렸다. 열차 칸 문은 거의 열려있었고, 열차 안의 사람들이 대부분 서로 아는 사이인 것 같았다. 사람들은 이 칸 저 칸 이동하며 수다도 떨고 과일도 깎아 먹었다. 나는 한동안 시선을 아래로 떨구며 사람들 오가는 모습을 지켜봤다.

   침대 위에는 얇은 담요와 베개가 비닐에 씌워져 있었다. 비닐을 벗긴 뒤 담요에 코를 가까이 갖다 댔다. 담요에서는 아무런 향도 나지 않았다. 나는 무릎 위를 담요로 감싸고 그 위에 노트북을 얹었다. 한국에서 처리해야 할 업무들이 쌓여있었다. 한참 집중해 노트북을 두들기고 있는데 맞은편 남학생의 시선이 느껴졌다. 어쩐지 내게 말을 걸고 싶어 하는 눈치였다. 조금 귀찮았지만, 노트북을 덮고 그를 바라보았다.

"Where are you from?"

눈이 마주치자, 남학생은 기다렸다는 듯 질문을 던졌다.

"나는 한국에서 왔어. 너는? 호찌민에 살아?"

"응. 나는 호찌민에서 @%$^&로 가는 중이야."

"뭐라고?"

"!@%$^&로 간다구. 거기가 내 고향이야."

나는 몇 번을 되물은 뒤에야 겨우 그의 말을 이해했다. 남학생의 발음은 상당히 난해했다. 게다가 영어와 베트남어를 섞어가며 말하는 바람에, 나는 서둘러 스마트폰에서 번역 앱을 켰다. 처음에는 조금씩 도움을 얻으려 했던 앱은 어느새 이 대화에서 빠져선 안 될 통역가가 되어주었다. 말하는 시간보다 번역하기 위해 핸드폰 화면을 두드리는 시간이 더 길어지기 시작했다.

열차 안에 남학생의 또래는 보이지 않았다. 열차를 오가며 뛰어다니는 아이들은 대부분 미취학의 어린이들뿐이었다. 그래서인지 남학생은 내게 끊임없이 대화를 걸었다. 남학생이 영어를 할 때마다 아래층 어머니들은 눈을 동그랗게 뜨며 감탄했고, 그의 얼굴에 만족스러운 미소가 번졌다. 아래층 어머니들의 응원에 힘입어 그는 계속해서 내게 말을 걸었다. 나와 영어로 대화하는 상황을 즐기고 있는 것 같았다. 나는 그런 남학생이 귀엽기도 했고, 호찌민 학생들에 대해 호기심이 생겨 이것저것 물었다.

"호찌민에서 학교 다녀?"

"응 나는 호찌민에 있는 대학교에 다니고 있어."

중학생 정도일 줄 알았는데, 대학교에 다니고 있다니 깜짝 놀랐다. 나이를 직접적으로 묻진 않았는데, 앳된 외모로 보아 스무 살쯤 되었겠구나 하고 추측했다.

"와 호찌민 대학교? 너 굉장히 똑똑하구나! 대단하다! 멋져!"

나의 쏟아지는 칭찬에 남학생은 또 배시시 웃을 줄 알았는데, 그는 의외로 어깨를 으쓱하더니 자신만만한 미소를 지었다. 고향에서 그는 얼마나 큰 자랑거리였을까. 'OOO이의 아들, 호찌민 대학 입학'이라 적힌 현수막이 동네방네 설치되고, 동네는 연일 파티 분위기였겠지. 그에게는 동생들이 꽤 있었는데 나머지 가족들은 모두 고향에 남아있고, 남학생과 그의 엄마만이 호찌민으로 따로 나와 생활하고 있다 했다. 연고 하나 없는 대도시에서 아들 뒷바라지하느라 고생할 그의 어머니 모습이 그려졌다.

"너는 한국에서 뭐 해?"

"나는 한국에서 웹 개발자야. 근무가 자유로워서 베트남을 돌아다니며 일하고 있어."

"나도 한국에 가고 싶어"

"너는 전공이 뭔데?"

남학생은 더듬더듬 뭔가를 말했지만 확신이 없어 보였다. 그가 해온 말들을 종합해 예상해 보건대 그는 국제무역과 관련된 내용을 전공하는 듯했다. 경제나 금융에 대해 배운다고 했고, 나중에는 한국이나 싱가포르에 있는 회사에서 일을 하고 싶다고 했다. 수업 중에 영어와 한국어도 배웠다고 했다. 나는 '영어 공부는 더 열심히 해야겠네'라고 말하려는 것을 꾹 참았다. 대신 한국에 놀러 오면 가이드를 해주겠노라고 공수표를 날렸다. 낯선 곳에서 만난 외국인들에겐 항상 이런 지키지도 못할 약속을 덜컥 내뱉고 보는 것 같다. 그렇지만 매번 진심이 아니었던 적은 없었다.

맞은편 남학생 덕분에 지루했을 기차에서의 시간은 빠른 속도로 흘렀다. 다만 번역 앱 없이는 대화가 쉽게 통하지 않았고, 나중에는 집중력이 흐려지고 피곤함이 몰려왔다. 마침 열차가 터널을 통과하면서 인터넷이 끊어졌다 연결됐다를 반복했다. 인터넷이 좀처럼 회복되지 않자, 더 이상의 대화는 힘들어졌다. 나는 책을 꺼내 들며 쉬는 시간을 선포했다. 귀에 이어폰을 꽂은 채 사색에 잠기거나 책을 몇 자 읽었고, 일기를 끄적이며 개인적인 시간을 보냈다.

저녁때가 되었는지 슬슬 배에서 성난 소리를 냈다. 나는 허기를 채우기 위해 낮에 사둔 빵과 과자를 열심히 뜯어 먹었다. 잠시 후 복도에서 음식 냄새가 풍겨왔다. 남학생은 갑자기 다급한 얼굴로 내게 손짓하며 말했다. 나는 큰일이라도 난 줄 알고 벌떡 몸을 일으켰다. 그는 내게 곧 도시락이 올 테니 사 먹어야 한다고 강조했다. 1층 어머니들도 내게 베트남어로 뭔가를 끊임없이 얘기했는데, 아마도 도시락이 온다는 사실을 내게 일러주려는 것 같았다. 4호 칸 식구들은 내가 혹여나 밥을 놓칠까 봐, 자신들이 싸 온 도시락은 손도 안 댄 채 다 같이 도시락 카트를 기다렸다. 도시락 가격은 5만 동이었고, 어머니와 남학생의 호들갑에 못 이긴 나는 손에 5만 동을 쥐고 기다렸다. 점차 가까워지는 카트 소리와 진해지는 밥 냄새에 정신이 혼미해졌다.

마침내 카트가 우리 칸 앞에 섰다. 고기류와 나물 반찬들, 밥 등이 커다란 통에 담겨 있었다. 카트를 끌고 나타난 역무원은 푸근한 인상의 아주머니였다. 남학생은 아주머니와 한참 대화를 나누더니 내 도시락을 대신 주문해 줬다. 둘의 대화가 너무 자연스러워서, 원래 잘 아는 사이인가 궁금했다.

"치킨? 비프?"

"비프."

"국은?"

"아니, 괜찮아."

국은 비닐봉지에 담겨 나오는데, 침대 위에서 국물 요리를 먹는다는 게 영 내키지 않았다.

아주머니에게 5만 동을 건네자, 내 손에는 뜨끈한 도시락이 쥐어졌다. 3천 원도 안 되는 가격에 밥과 고기반찬이라니. 열차를 타기 전부터 밥이 입맛에 안 맞으면 어쩌나 걱정했지만, 괜한 걱정이었다. 나는 단숨에 도시락을 먹어 치웠다. 소고기 반찬에선 학창 시절 급식 시간에 먹던 것과 비슷한 맛이 났다. 베트남 기차에서 급식의 맛을 느끼다니, 어쩐지 반가웠다.

그릇 바닥까지 싹싹 긁어 먹은 뒤, 빈 도시락을 처리하기 위해 침대에서 내려왔다. 그러자 1층 어머니가 내 손에 든 도시락을 손가락으로 가리키며 고개를 갸우뚱했다. 다 먹었냐는 질문인가 싶어 고개를 끄덕이며 빈 도시락을 흔들었다. 그러자 어머니는 뭐라 설명할 새도 없이 내 텅 빈 도시락을 잽싸게 집어 들고 칸 밖으로 나갔다. 그 길로 어머니는 내 빈 도시락을 수거함에 버리고 돌아오셨다. 도시락 수거함이 어딘지 잘 모를 나에 대한 배려였다.

"깜언!" 나는 어머니의 재빠른 행동에 잠시 당황했지만 잊지 않고 베트남말로 감사 인사를 전했다.

1층 어머니는 활짝 웃더니 "유어 웰컴!" 하고 답했다. 그녀에게서 처음 듣는 대답이었다. 그녀의 함박웃음에 도시락으로 채운 배가 더욱 빈틈없이 든든해졌다.

만족스럽게 부른 배를 두들기며 책을 펼치려는데, 어디선가 따가운 시선이 느껴졌다. 건너편 남학생이 내 쪽을 바라보며 머뭇거리고 있었던 것이다. 대화를 더 이어가고 싶은 모양이었다. 나는 책을 내려놓고 남학생을 향해 고개를 들었다.

"나는 앞으로 무슨 일을 해야 할지 모르겠어."

남학생은 느닷없이 진로 고민을 털어놓았다. 그는 해외에서 일하고 싶어 했다. 한국에서 일하는 것도 꿈꾼다고 했다.

"베트남에도 한국 기업들이 많이 진출해 있어. 거기서 네가 할 수 있는 일을 찾아보면 어떨까?"

나는 베트남에 진출한 굵직한 한국 기업들을 설명해 줬다. 그리고 그곳에서 일할 방법을 찾다 보면 한국에 올 기회도 생기지 않겠냐는 조언을 건넸다. 영어 공부는 무조건 필수라는 말도 덧붙였다. 그가 내 말을 어디까지 이해했을지 모르겠지만 그는 내 말을 진지하게 귀담아 듣고 있었다. 얼떨결에 상담을 해주던 나 역시 사뭇 진지해졌다.

나는 생각나는 대로 아무 말이나 늘어놓는 걸 좋아하는데, 그렇게 툭툭 튀어나오는 말들에도 힘이 있다는 걸 뒤늦게야 깨닫는다. 한마디 말로 누군가는 좌절하기도 하고, 누군가는 생각지도 못한 꿈을 설계하기도 한다. 두 다리 뻗고 누워 조언이랍시고 아무렇게나 내뱉은 말들이, 베트남을 종단하는 열차 안을 떠돌고 있었다. 내 말이 과연 그에게 어떻게 와닿았을까 모르겠지만. 나는 또 한 번 말의 신중함과 조언을 아끼는 태도에 대해 골똘히 생각했다.

4호 칸에서의 시간이 항상 훈훈하기만 한 건 아니었다. 시간이 흐르면서 더 이상 버티기 힘든 문제가 있었다. 바로 생리현상이었다. 기차가 사방으로 흔들리며 달렸기 때문에, 화장실 가는 일은 최대한 피하고 싶었다. 물도 아껴서 마셨건만, 더는 참을 수 없는 지경에 이르렀다.

화장실로 돌진한 나는 거침없이 방광을 비워냈다. 이제 변기 물을 내려야 했는데 어쩐지 물 내림 버튼이 보이지 않았다. 버튼을 찾아 헤매다 변기 옆에 달린 작은 샤워 건이 눈에 띄었고, 혹시 샤워 건으로 물을 쏘면 변기 물이 내려가지 않을까 하는 생각이 들었다. 이렇게 나는 가끔 엉뚱한 행동을 하곤 하는데, 그 행동의 끝은 늘 파국을 맞이하곤 했다. 이번에도 어김없이 나는 파국으로 가는 지름길을 택했다. 샤워 건을 쏘자, 물이 내려가기는커녕 점점 차오르기 시작했다. 변기 물은 아슬아슬하게 찰랑거렸고, 기차가 덜컹거리자 더욱 위태로워졌다. 등줄기에 땀이 비 오듯 흘러내렸다. 이건 비상이다. 기차가 더 심하게 흔들리기 전에 물 내리는 방법을 찾아야 했다. 기차가 또 한 번 휘청이려는 순간, 마침내 구석에 작게 그려져 있던 동그란 버튼을 찾아냈다. 잽싸게 팔을 뻗어 버튼을 눌렀고, 가까스로 참사를 면했다.

별일은 없었지만, 나는 찝찝한 기분에서 벗어나기 힘들었으므로 손이 벗겨지도록 벅벅 문질러 닦았다. 이참에 세수도 하고, 목덜미를 비롯한 세면대에서 씻을 수 있는 최대한의 영역을 구석구석 씻어냈다. 그러고선 아무 일도 없었다는 듯 다시 객실로 돌아갔다.

밤이 되자 1층 어머니들은 불을 끄고 아이들을 재우기 시작했다. 등을 토닥이고 도란도란 옛날이야기를 하며 꿈나라로 안내했다. 칸 안에서는 새근새근 잠든 어린아이의 숨소리와 아이 엄마의 얕은 잠꼬대가 들렸다. 기차를 타기 전 긴장감으로 잔뜩 힘이 들어가 있던 몸은 이

미 딱딱한 매트리스에 녹아든 지 오래였다. 흔들리는 기차에서 잠이 올까 싶었지만 의외로 나는 금방 잠들었다. 새벽 5시, 기차에서 내려야 할 시간이 가까워지자 저절로 눈이 떠졌다. 나는 한국에 있는 남자 친구에게 황급히 메시지를 보냈다. 새벽에 도착하는 기차가 혹여나 위험할까 싶어, 남자 친구에게 전화해달라고 부탁했었기 때문이다.

'전화 안 해줘도 돼. 여기 매우 안전함.'

4호 칸은 안전지대였다. 4호 칸뿐만이 아니었다. 복도와 이 칸 저 칸에서 어린아이들의 까르르 웃는 소리가 연신 흘러나왔고, 친절이 몸에 밴 어른들은 가까운 친척처럼 푸근했다. 나는 안전함을 넘어서 안

락함을 느꼈다.

   조용히 짐 정리를 하고, 화장실로 가 세수하고 옷을 갈아입었다. 4호 칸으로 돌아가는 길에 복도 창밖으로 베트남의 일부가 보였다. 너른 들판이 나오다 잔뜩 우거진 숲도 보이고 사람들이 사는 작은 집도 보였다. 해는 구름에 가려져 보이지 않았고 굵은 빗방울들이 창을 때렸다. 어둡고 캄캄한 외지에 나 홀로 서 있었지만, 전혀 두렵지 않았다. 한참 꿈나라에 빠져있을 4호 칸 사람들의 평온한 모습이 떠올랐다. 먹구름에 가려져 있던 해도 머지않아 조금씩 모습을 드러냈다.

   잠시 후 기차 복도에는 내가 내려야 하는 '꽝응아이' 역에 곧 도착한다는 방송이 흘러나왔다. 목적지인 리썬섬까지는 아직도 갈 길이 멀었다. 기차에 내린 뒤 택시를 타고 선착장까지 가야 했고, 또 배를 타고 섬으로 들어가 숙소를 찾아가야 하는 등 앞으로 헤쳐가야 할 관문들이 첩첩산중이었다. 하지만 앞으로의 모험 역시 지금처럼 따뜻할 것임을 알았다. 베트남에선 언제나 여행의 어려운 부분들을 이곳 사람들이 채워줬으므로.

낯선 곳에서 낯선 직장 동료를 만나다

 베트남에 온 지도 어느덧 2주가 되어가고 있었다. 낯선 나라, 낯선 도시에서 나는 일도 하고 쉬기도 하며 시간을 보냈다. 늘 해외를 넘나들며 자유롭게 살기를 바랐고, 그 꿈은 어느덧 현실이 되어 있었다. 덕분에, 나는 '꿈꾸면 이루어진다'던가, '꿈꾸는 대로 살게 된다'는 식의 낯간지러운 말들을 믿기 시작했다.

 이직한 회사에서는 전일 재택근무에 주 4일제를 시행하고 있었고, 덕분에 인터넷만 되면 어디서든 일할 수 있었다. 어느 날은 나무 장식이 근사한 호찌민의 카페에서 에그 커피를 마시며 일했고, 또 어느 날은 윤슬이 반짝이는 호이안 해변에서 노트북을 펼쳤다. 집을 떠나 근무하는 날에는 때때로 고개를 들어 주변을 살폈다. 행복을 눈으로 확인하고 나면, 고개가 절로 끄덕여졌다. 행복은 수시로 확인해야 가까이 다가오는 법이었다.

이렇게 국경을 넘나들며 자유롭게 일하는 사람을 요즘 말로 디지털 노마드(Digital Nomad)라 부른다. 일하면서 관광도 즐기는 워케이션(Workation, 일work과 휴가vacation의 합성어)이란 신조어도 있다.

베트남으로 떠나기 전, 나의 베트남 워케이션 소식에 회사 동료인 혜민 님도 관심을 보였다. 혜민 님은 같은 파트의 개발자에다 비슷한 시기에 입사한 터라, 내적 친밀감이 두터운 동료였다. 게다가 발랄하고 붙임성이 좋아 존재감도 확실했다. 애교도 많고 사랑스러운 그녀를 볼 때마다, 나는 토끼를 떠올렸다. 그녀는 나의 워케이션에 동참하기로 했고, 우리는 호이안에서 만나기로 약속했다.

혜민 님이 베트남에 도착할 무렵, 나는 리썬섬에서 나와 호이안으로 향하고 있었다. 장시간 이동 끝에 밤 10시가 되어서야 도착했고, 택시가 호텔 앞에 도착하자 약간의 긴장감이 돌았다. 온라인에서는 누구보다 친근하게 수다를 떨었지만, 현실에선 몇 번밖에 마주친 적 없는 사이였기 때문이다. 첫인사를 뭐라고 하지? 안녕하세요? 반갑습니다?

"보미 님!!!!!"

토끼의 등장이었다. 방금까지 내가 무슨 걱정을 한 걸까 싶을 정도로 따뜻하고 친근한 인사였다.

"혜민 님!!"

우리는 컴컴한 호이안 밤 한가운데에서 서로를 부둥켜안으며 격하게 반겼다. 낯선 도시에서 만난 익숙한 혜민 님의 얼굴이 반가운 건 당연한 일이었다. 게다가 원 없이 한국말로 대화할 수 있다니! 누군가와 조잘조잘 수다를 떨어본 게 언제였던가. 어설픈 영어와 바디랭귀지로 연명하던 지난날이 떠올랐다.

혜민 님은 자신이 묵고 있던, 그리고 앞으로 우리가 함께 묵을 호텔 방으로 나를 안내했다. 로비에 들어서자, 혜민 님은 호텔 직원들에게 "친구가 왔어! 이제 나도 친구가 생겼다!"면서 너스레를 떨었다. 직원들은 "축하한다"며 다정하게 웃어줬다. 그녀는 이미 호텔에서 '인싸'가 되어 있었다.

우리는 방에 캐리어만 옮겨놓고 다시 밖으로 나왔다. 늦은 밤이었지만, 둘 다 공복이었기에 야식 겸 축하 파티를 위해 근처 펍으로 향했다.

메뉴판을 보며 먹을 만한 메뉴를 고르는데, 혜민 님의 음식 취향이 어떤지 아는 게 전혀 없었다.

"이거 먹을래요?"

"별로 안 땡기는데.. 이건 어때요?"

"음, 그럼 이거는?"

서로의 취향을 모르는 우리는 스무고개 하듯 하나씩 메뉴를 짚어나갔다. 오래 알고 지낸 친구였다면 길게 얘기하지 않아도 상대가 고를

법한 메뉴도 딱딱 골랐겠지만, 우리에겐 아직 시간이 필요했다. 긴 상의 끝에 우리는 피자와 쌀국수라는 독특한 조합과 함께 맥주를 한잔씩 걸쳤다.

피자는 딱딱하고 차가웠다. 일부는 따뜻하고 일부는 차가운 걸 보면, 급하게 데운 냉동된 피자 같았다.

"피자는 별로 맛이 없네요."

"그러게요. 깔깔깔."

피자가 맛없다는 얘기로도 우리는 실없이 웃었다. 혜민 님과 함께 있다 보면 별것도 아닌 이유로 웃었고, 뜬금없이 춤을 쳤고, 말도 안 되는 가사를 붙여 흥얼거리거나 랩을 했다. 대화는 쉼 없이 이어졌다. 타지에서 직장 동료와 맥주잔을 부딪치고 있다는 사실에 새삼 놀라기도 했고, 내일도 바다를 바라보며 일할 수 있다는 사실에 감사했다.

다음 날 아침, 우리는 같은 알람 소리를 듣고 일어나 노트북을 켜고 업무를 시작했다. 오전 미팅이 끝나면 노트북을 들고 호텔 식당으로 쪼르르 달려가 조식을 먹었다. 뜨끈한 쌀국수와 열대과일을 곁들인 짧은 조식 타임을 즐기고 나면, 다시 방으로 돌아와 남은 업무와 미팅을 소화했다. 우리는 묵묵히 일하다가도, 틈틈이 조잘댔다.

점심시간에는 올드타운까지 걸어나가 반미를 사 먹고, 근처 분위기 좋은 카페에서 오후 업무를 했다. 나는 종종 집중이 흐트러졌지만,

혜민 님은 한 번 일을 시작하면 절대 한눈팔지 않았다. 나는 몇 번이고 집중한 그녀의 옆얼굴을 훔쳐보곤 했다.

고향의 맛이 그리운 날이면 저녁에 택시를 타고 다낭 시내로 나갔다. 다낭 한식당에서 맛본 돼지고기의 비곗살이 어찌나 고소하던지. 우리는 얼굴이 시뻘게지도록 소주를 들이켜고, 삼겹살로 안주하고, 냉면으로 입가심했다.

그렇게 하루 24시간을 함께하다 보니, 그녀와 나의 다른 점들을 보이기 시작했다. 혜민 님은 식당에 가면 기본 4인분을 시켰다. 물론 호이안 식당에서 시킨 요리들은 대체로 양이 적은 편이긴 했지만, 그녀의 통 큰 주문은 매번 나를 놀라게 했다. 나는 음식을 남기면 안 된다

는 강박이 있는 편이라, 부족하게 먹더라도 조금씩만 시켜서 맛을 보는 편이었다. 그래서 처음에는 그녀의 주문 방식이 불편했다.

"저는 1인분만 먹어요. 1인분!"하고 말하면, 그녀는 호탕하게 웃으면서 "걱정마요. 다 먹을 수 있을 거야."라고 답했다.

그러면 어김없이 그녀 말대로 우리는 남김없이 그릇을 비워냈다. 심지어 식사는 항상 만족스러웠다. 나는 여행에서 먹는 경험을 중요하게 생각하는데, 그녀 덕분에 베트남에서 먹어볼 만한 음식은 웬만큼 먹어본 것 같았다. 후회 없는 식도락 여행이었다.

그녀의 도전적인 성격은 다른 상황에서도 빛이 났다. 나는 관광지에서 열심히 돌아다니긴 해도, 전통 의상에 전통 화장까지 하고 돌아다닌다든지, 후기 없는 식당에 과감하게 도전한다든지 등의 깜냥은 없는 편인데, 혜민 님은 달랐다. 그녀는 고민하느라 시간을 낭비하는 스타일이 아니었다. 한번 결정하면 곧바로 행동에 옮겼다. 나는 어느새 그녀 뒤를 쫄쫄 쫓아다니며 혼자였다면 하지 못했을 여행의 묘미를 맛봤다.

게다가 행동은 어찌나 빠른지. 직원이 주문받을 준비가 될 때까지 기다리는 동안, 혜민 님은 이미 직원을 불러서 일을 처리해 놓곤 했다. 사실 이런 화끈한 성향의 친구들과 함께 다니다 보면 나같이 생각 많고 미적지근하게 구는 사람은 득을 보는 경우가 많다. 나는 이번 여행에서 혜민 님 덕을 참 많이 봤다.

사파에서 보낸 일주일

　베트남의 고산지대, 사파를 처음 알게 된 것은 EBS '세계테마기행'을 통해서였다. 우연히 본 방송에선 방송인 이켠이 나와 사파를 여행하고 있었는데, 그의 얼굴에는 흥분이 가득했고, 말투는 잔뜩 들떠 있었다. 그야말로 사파에 흠뻑 취한 듯 보였다. 그가 머물던 숙소는 환상적인 뷰를 자랑했다. 창밖으로는 초록빛 융단을 깐 듯 계단식 논이 푸르게 펼쳐져 있었고, 구름이 손에 잡힐 듯 몽실몽실 떠 있었다. 진행자가 행복한 비명을 지를 때마다 나도 두 눈을 희번덕였다.

　사실 베트남 여행을 결심한 것도 전부 여기, 사파를 가기 위함이었다. 한국에서 혜민 님과 여행 일정을 짤 때도 사파는 무조건 가야 한다고 단단히 못을 박았고, 다행히 혜민 님은 흔쾌히 따라 주었다.

우리는 하노이에서 사파로 가는 슬리핑 버스를 탔다. 버스는 생각보다 훨씬 쾌적하고 아늑했다. 칸마다 천막을 칠 수 있어 외부와 확실하게 차단됐고, 바닥에는 싸구려 매트리스 대신 단단하고 깔끔한 매트가 깔려 있었다. 발을 쭉 뻗고 누우니, 발끝이 벽에 닿을 듯했다. 구척장신들은 여기 어떻게 누우려나 괜한 걱정이 들었다.

우리는 하나씩 칸을 차지하고 누웠고, 장시간 이동하느라 피곤했던지 매트에 눕자마자 금세 곯아떨어졌다. 한참 잠에 취해있는데 후두둑 창문을 두드리는 빗소리에 눈이 떠졌다. 한두 방울 떨어지던 빗방울은 이내 장대비가 되어 쏟아졌다. 비 온다는 얘기는 없었는데. 불안해진 나는 사파의 숙소 주인과 전날 나눴던 메시지를 다시 확인했다.

'사파에는 새벽에 도착합니다. 숙소까지 어떻게 가나요?'

'도착하면 알려주세요. 버스 정거장으로 데리러 갈게요'

'이른 새벽인데 괜찮나요?'

'네, 걱정마세요'

숙소는 버스 정거장에서 차로 30분이나 떨어져 있었고, 캄캄한 새벽녘에 갈 곳 없이 떠돌게 될까 싶어 단단히 확인을 받아뒀었다.

하지만 버스는 예정보다 훨씬 이른 새벽 4시쯤 사파에 도착했다. 어떤 후기에선 사파에 도착한 뒤에도 버스가 바로 떠나지 않아서, 한두 시간 더 자고 나왔다고 했었다. 혹시나 하는 마음에 버스에서 곧장 내리지 않고 밍기적거렸지만, 버스 기사는 승객들에게 모두 내리라고 손짓했다.

비를 피해 서둘러 버스 대합실로 들어갔다. 밖엔 여전히 장대비가 쏟아졌고, 뼛속까지 시린 추위가 온몸을 휘감았다. 사파는 한여름 같았던 호찌민, 다낭과는 달리, 완연한 겨울이었다. 패딩을 주섬주섬 꺼내입고 손을 비비며 숙소 호스트에게 메시지를 보냈다.

'생각보다 일찍 도착했네요. 지금 데리러 와주실 수 있나요?'

잠들었을까? 새벽 4시인데, 자고 있겠지. 그럼 우린 어쩌지? 그 순간 띵동 하고 반가운 알림음이 울렸다.

'네, 근데 지금 바로 갈 수 있는 택시가 없어서 1시간 뒤에 도착하겠네요'

살았다! 반신반의하며 메시지를 보냈는데 호스트에게서 바로 답변이 왔다. 4시에도 깨어있다니 호스트는 부지런한 사람임이 틀림없었다. 우리는 무작정 밖으로 나섰다. 비는 잠시 소강상태긴 했으나 여전히 부슬부슬 내리고 있었다. 그때, 길 건너 불 켜진 식당이 눈에 띄었다. 둘 다 마치 짠 것처럼 그곳을 가리켰고, 고민할 필요도 없이 식당 문을 열었다.

식당 안에서 훈훈한 기운이 느껴지자 일단 마음이 놓였다. 다만 관광객들이 복작거리는 다낭과는 분위기가 확연히 달랐다. 메뉴판에는 그 흔한 영어도 한국어도 없었고, 식당 주인과 소통도 쉽지 않았다. 우리는 바디랭귀지를 총동원해 쌀국수와 모닝글로리를 주문했다.

김이 허옇게 올라오는 국물을 수저로 퍼서 입안으로 천천히 밀어 넣었다. 뜨끈한 국물이 목구멍을 타고 내려가며 온몸을 녹였다. 국물 한 모금에 팔다리가 저릿해졌다. 맛도 일품이었다. 모닝글로리는 풀이 적당히 죽어 아삭하면서 부드러웠고 간도 적당했으며 마늘 향이 풍부했다. 그간 먹어본 쌀국수와 모닝글로리 중 단연 최고였다.

식사가 끝나자 식탁에 아무 말도 오가지 않았다. 몸은 노곤했고 깜빡이던 눈은 뻑뻑해졌다. 잠시 후 숙소에서 보낸 택시가 도착했다.

사파의 도로는 안전해 보이지 않았다. 구불구불한 산길을 따라 한참 달리더니, 곧 비포장도로로 접어들었다. 밖에선 동이 트기 시작했고, 산골짜기 시골집들 사이에 이르자 택시는 멈췄다. 차에서 내리자 주변은 음침한 고요 속에 개 짖는 소리만 울렸다. 추위 탓에 가만히만 있어도 온몸이 덜덜 떨렸다. 눈은 자꾸 감겼고, 얼굴 근육은 경직돼 있었다. 나와 혜민 님 사이엔 시시껄렁한 대화조차 오가지 않았다.

잠시 후 왜소한 체구의 젊은 남성 한 명이 오토바이를 끌고 나타났다. 그는 택시 기사에게 택시비를 건네더니 캐리어를 자신의 오토바이에 실었다. 큼지막한 캐리어 두 개에 오토바이가 휘청였다. 줄로 캐리어를 몇 번이나 감고 나서야, 그는 손잡이를 쥘 수 있었다. 간신히 오토바이에 탄 그는 따라오라 손짓하더니 그대로 오르막길을 올랐다. 자기 몸뚱이만 한 짐을 싣고 비포장 흙길을 오르는 그의 뒷모습은 마치 곡예단이 펼치는 한편의 묘기 같았다.

비는 그쳤지만 땅은 축축하게 젖어 조금이라도 발을 헛디디면 진흙탕에 신발이 파묻힐 판이었다. 여기를 걸어 올라오라고? 나와 혜민 님은 의심스러운 눈길로 젊은 총각을 바라봤지만, 그는 이미 떠난 뒤였다. 우리는 서로를 부둥켜안고 뒤뚱거리며 언덕길을 올랐다.

숙소에 가까워질 무렵, 우리 앞으로 배가 홀쭉한 들개들이 날카로운 얼굴을 들이밀었다. 녀석들은 덩치가 크고 사나워 보였고, 우리를 노려보며 컹컹 짖었다. 베트남에서 만난 개들은 다 온순했는데, 사파의 녀석들은 감이 오질 않았다. 가까이 다가가면 물리지 않을까 싶어 발이 차마 떨어지지 않았다. 끙끙대고 있는데 아까 오토바이를 타고 사라졌던 젊은 총각이 다시 돌아왔다. 그가 손을 휘이휘이 하고 휘젓자, 녀석들은 갑자기 꼬리를 살랑이며 순식간에 흩어졌다.

벙찐 우리 앞으로 아담한 체형의 여성이 해맑게 웃으며 다가왔다. 웃을 때 얇아지는 눈매와 사글사글한 외모가 인상적이었다. 처음에는 열다섯 열여섯이나 될까 싶을 정도로 어려 보였는데, 가까이서 보니 체구만 작을 뿐 눈가에서 세월의 흔적이 묻어났다.

"어서 오세요. 저는 이곳 호스트인 이핑이에요. 들어오세요!"

이핑은 우리를 숙소 안으로 안내했다. 안에는 기다란 식탁 다섯 개가 놓여 있었고, 한쪽 구석에 카운터도 있었다. 호텔로 치면 로비 겸 식당 같은 공간이었다. 이핑은 우리 발밑에 화로대를 가져다 놓았다. 화로 안에는 새빨갛게 달아오른 숯이 이글거리고 있었다. 우리는 신발을 벗고 맨발을 화로 가까이에 올렸다. 숯의 열기가 꽁꽁 언 발을 간지럽혔다. 추위가 쉽게 가시지 않자, 화로 안에 발을 집어넣어 볼까 싶은 엉뚱한 생각마저 들었다.

이핑은 따뜻한 아침상도 내주었다. 흰 쌀밥에 뜨끈한 카레와 볶음밥이 거하게 차려졌다. 새벽에 쌀국수를 먹고 온 것도 잊고 단숨에 먹어 치웠다.

아직 이른 시간이었지만, 이핑은 얼리 체크인도 해줬다. 삐그덕거리는 낡은 계단을 타고 올라가니, 나무로 덧댄 오두막 같은 집 한 채가 나타났다. 숙소 문 앞에는 테이블과 의자가 놓여 있었고, 우리는 그곳에서 한참 사파의 풍경을 감상했다. 겨울이라 황량했지만 나름의 정겨운 시골 풍경이 마음을 차분하게 했다. 계단식 논은 아직 아무것도 자라지 않아, 초록빛 대신 황금빛 융단이 펼쳐져 있었다. 여기저기서 새소리가 들렸고, 시골집 밥 짓는 냄새와 연기가 골목을 메우고 있었다. 우리는 추위와 고단함으로 얼룩진 새벽에서 서서히 벗어났다.

그렇지만 사파에서의 하루하루가 항상 힐링인 건 아니었다. 아침이

되면 이핑이 차려주는 밥을 먹는데, 메뉴는 쌀국수 아니면 카레였다. 카레는 생존을 위해서라면 먹을 수는 있었고, 쌀국수는 나쁘지 않았다. 그 때문에 우리는 늘 쌀국수를 시켰다. 그마저도 나중에는 물려서 추가 금액을 내며 다른 메뉴를 시켜 먹었다.

우리가 식사하는 동안, 이핑은 우리 옆에 앉아 자신의 성장 스토리를 들려주곤 했다. 그녀는 사파에서 나고 자랐는데, 워낙 산골이라 학교에 다니는 것조차 쉽지 않았다고 했다. 마치 5~60년대 우리 부모님 세대가 산 넘고 물 건너 등하교하던 것처럼 그녀 역시 겨울옷도, 신발도 없이 눈 쌓인 산길을 걸어 학교에 다녔다. 그렇게 치열하게 공부한 끝에, 그녀는 동네에서 유일하게 영어를 하는 엘리트로 성장했다. 실제로 그녀의 영어 실력은 수준급이었으므로, 그 말에 신뢰가 갔다. 그 후, 같은 마을 출신의 남성과 결혼해 애를 셋 낳았는데, 그 남성이 첫날 우리 캐리어를 오토바이로 실어 나르던 그 청년이었다.

그녀의 사연은 해외의 유명한 블로거에 의해 기사화됐고, 이핑은 그 기사를 우리에게 보여주고 또 보여줬다.

하지만 이핑의 이야기는 하루가 지나 둘째 날, 셋째 날, 그리고 넷째 날까지 반복됐다. 아직도 생각해 보면 그녀는 정말 대단한 여성임이 틀림없지만, 당시 우리는 반복되는 이야기에 많이 지쳐있었다. 그녀가 자주 했던 말이 있는데, 'no jacket, no shoes, but I did it.'이었다. 그래서 혜민 님과 나는 한동안 no jacket만 나와도 고개를 푹

우리가 묵었던 사파의 숙소. 춥고 배고팠었지..

숙였다. 그녀를 비웃을 의도는 없었지만, 자꾸 치미는 웃음을 막을 도리가 없었다.

사파의 추위는 예상보다 훨씬 혹독했다. 창문은 강풍에도 너그럽게 열렸고, 방음은커녕 방풍 역할조차 제대로 해내지 못하는 것 같았다. 난방이라곤 온풍기와 전기장판이 전부였고, 화장실은 흡사 시베리아 한복판 같았다. 따뜻한 물로 씻어도 1초만 물에서 멀어지면 이가 딱딱 부딪힐 정도로 한기가 몰려왔다. 그래서 우리는 샤워를 마치면 물기를 대충 닦고 이불 속으로 파고들곤 했다.

주변에 식당도 마땅치 않아, 우리는 컵라면으로 끼니를 때우고 과자로 허기짐을 달랬다.

동네를 산책하며 이국적인 시골 풍경을 감상하거나, 밤하늘의 별을 보던 시간은 즐거웠다. 하지만 그것도 하루이틀 지나고 보니 슬슬 지루해지기 시작했다. 결국 숙소에서만 시간을 보내는 건 힘들다는 걸 깨달았고, 나머지 일정은 시내에 관광을 다녔다.

우리는 제일 먼저 판시판을 찾았다. 베트남에서 가장 높은 산인 판시판은 등산해서 오르면 꼬박 1박 2일이 걸린다고 했다. 다행히 케이블카가 군데군데 놓여있어, 조금만 걸어도 정상까지 오를 수 있었다.

판시판에는 사방에 구름이 가득했다. 사뿐사뿐 걸을 때마다 구름 위를 걷는 듯했다. 곳곳에 지어진 사찰과 계단 아래로 희고 말간 뭉게 구름들이 피어있었다. 닿으면 푸딩처럼 탱글거릴 것처럼 살이 통통하게 올라 있었다. 정상으로 이어진 길에는 손잡이도 없는 길고 긴 계단들이 이어졌다. 뒤를 돌아보면 아찔한 높이에 머리가 핑 돌았다.

'조금만 오르면 정상'이라고는 했지만, 그 길이 쉬운 길은 아니었다. 계단은 끝도 없이 이어졌고 산소는 점차 희박해져, 우리는 가다 서기를 반복했다. 결국 혜민 님은 중간에 포기를 선언했고, 나는 홀로 등산에 나섰다.

더 오르고 나니 이제는 다리가 후들거릴 정도로 무서웠다. 그럴 때는 뒤가 아닌 앞을 보면 됐다. 앞에는 웅장한 사찰과 불상들이 입이 떡 벌어질 정도로 펼쳐져 있었다. 경이로웠다. 찰나의 두려움은 금세 잊혔다. 이 진귀한 것들을 어떻게 여기까지 쌓아 올렸을까. 계단 하나 오르며 감탄했고, 다시 한 계단 오르면서 지난 여행을 상기했고, 또 하나 오르며 한없이 미미한 나 자신을 돌아봤다. 쉽게 우쭐해지고 쉽게 자만하는 나를 떠올렸다. 돌아오는 건 대자연 앞에서 한낱 미물에 지나지 않는 내 모습이었다.

드디어 판시판 정상에 올랐다. 해발 3,143m가 적힌 정상 표지판을 보자 가슴이 먹먹해졌다. 저 아래 두고 온 누군가가 떠올랐다. 같이 봤으면 더 좋았을 텐데. 눈에 자꾸 눈물이 고이는 게 바람 탓인지 지나치게 감상에 젖은 탓인지 분간이 안 갔다.

　베트남에서의 추억은 절반을 혼자 경험했고, 나머지 절반을 누군가와 함께했다. 나는 혼자 하는 여행을 딱히 좋아하지 않는구나, 생각했다. 혼자 먹었던 쌀국수보다 누군가와 나눠 먹던 반미가 더 생각났고, 혼자 말없이 누워있던 숙소보다 조잘조잘 떠들던 사파의 춥고 작은 집이 그리웠다. 매일 아침 퉁퉁 부은 얼굴로 아침 인사를 나누고, 밤에는 한국 컵라면에 뜨거운 물을 받으며 살아온 얘기를 나누던 친구가 보고 싶어졌다. 산 어드메에 버려두고 온 그 친구가.

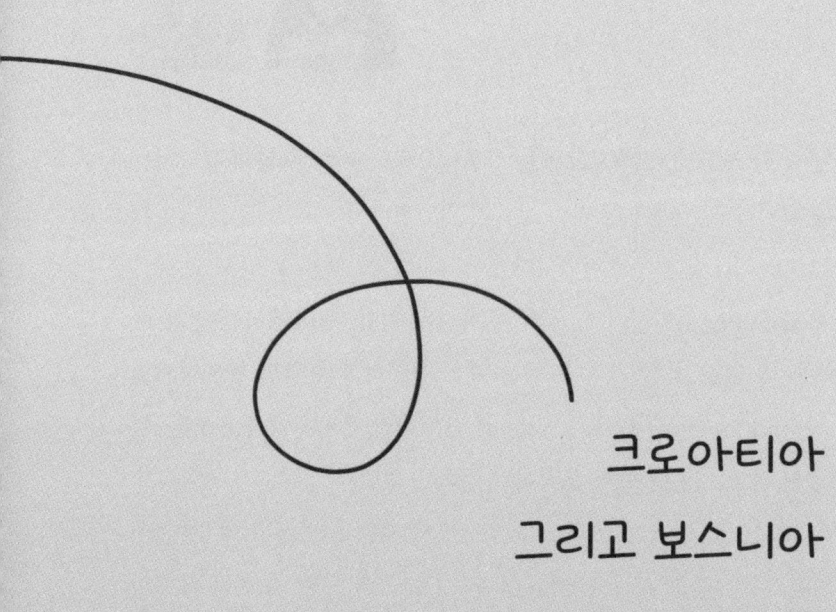

크로아티아

그리고 보스니아

2022. 06

엄마와 함께 여행한다는 것은

벌써 한 시간째, 고속도로에는 간헐적으로 우리를 추월해 지나치는 차를 제외하고는 개미 한 마리 보이지 않았다.

"100m 앞, 살짝 우회전입니다."

우회전이면 우회전이지, 살짝 우회전은 뭐람. 한국에서 운전할 땐 들어본 적 없는 낯선 안내에, 나는 괜히 불안해져 핸들만 만지작거렸다. 하지만 이곳에서 믿을 수 있는 건 간드러진 내비게이션 음성뿐. 눈을 질끈 감고 지령에 따라 움직이는 수밖에 없었다.

'시속 100km'. 크로아티아 고속도로의 제한 속도는 최대 130km였지만, 나는 줄곧 시속 100km(혹은 그보다 더 느린 속도)를 유지했다. 제한 속도가 구간에 따라 110km였다가, 90km로 바뀌기도 했고, 중간중간에는 속도 제한 카메라도 보였다. 불행히도 내가 쓰던 무료

버전 내비게이션에서는 실시간 제한 속도나 카메라 위치를 알려주는 기능이 없었다.

혹시라도 속도를 위반해 벌금 딱지가 날아오면 어쩌나. 한국으로 돌아가서야 눈덩이처럼 불어난 벌금을 발견할까 두려웠다. 끝내는 우리 집 안방에 인터폴까지 출동시키는 망상으로 이어졌다. 쓸데없는 걱정에 혀를 차다가도, 결국 조심해서 나쁠 것 없다는 결론을 내렸다.

"안 졸려? 어디 세울 데 있으면 나랑 바꿔."

보조석에 앉아 말없이 나를 지켜보던 엄마가 침묵을 깼다.

"괜찮아. 여기 고속도로라 세울 데도 없어."

크로아티아에서 운전을 시작한 지도 사흘째, 익숙해질 법도 한데 여전히 운전대만 잡았다 하면 긴장 상태였다. 평생 무사고 운전을 지켜온 엄마도 낯선 나라의 교통법과 어지러운 글자의 표지판에 다소 혼란스러워했다. 그랬던 엄마가 선뜻 운전하겠다고 나섰다. 내게만 맡기기 미안했거나, 혹은 서서히 크로아티아 도로 상황에 적응했거나, 어쩌면 둘 다였을지도 모른다.

"어디 휴게소라도 있으면 들려봐."

엄마는 계속 운전대를 바꾸자고 재촉했다. 내비게이션이나 간신히 보며 운전하던 내게 휴게소까지 찾아보라는 것은, 입안에 얼음을 잔뜩 집어넣은 채로 또박또박 말해보라는 것과 같았다.

"이런 허허벌판에 휴게소가 어딨어. 여기가 뭐 한국인가.."

울컥. 목구멍을 치고 올라온 짜증을 꾸역꾸역 눌러 내렸지만, 목소리에는 짜증이 고스란히 묻어났다. 옆에서 휴게소도 찾아주지 못하는 엄마가 원망스러웠다. 동시에 걸핏하면 욱하는 나 자신도 싫었다. 늘 비슷한 패턴이었다. 엄마와 오랜 시간 함께 있다 보면, 욱하는 마음과 미안함이 소용돌이치는 폭풍우 한 가운데에 있는 듯했다.

"저거, 저거 휴게소 아냐?"

엄마가 가리킨 손끝에 희미하게 건물 하나가 보였다. 텅 빈 도로 한복판에 진짜 휴게소가 나타난 것이었다. 그것은 마치 사막의 오아시스 같았다. 이래서 엄마 말을 들으면 자다가도 떡이 생긴다고 했나.

"휴게소 맞는 거 같은데? 들어가 볼까?"

급히 핸들을 틀어 건물로 향했다.

"어머머, 여기 어제 갔던 카페보다 더 근사하다 얘"

엄마 말이 맞았다. 휴게소 건물은 크고 세련된 레스토랑처럼 보였다. 우리나라 휴게소보다는 작았지만, 외관은 훨씬 고급스러웠다. 심지어 화장실도 무료였다. 유럽에서 무료 화장실을 찾는 건 하늘의 별 따기와 같았으므로, 그곳은 우리에게 5성급 호텔이나 다름없었다.

안으로 들어서자 갓 구운 빵 냄새와 구수한 원두 향이 코끝을 자극했다. 이 유혹의 손길을 그냥 지나칠 수 있나. 우리는 카페 카운터로 달려가 메뉴판을 훑었다. 나는 에스프레소, 엄마는 아메리카노를 시켰다. 빵도 두어 개 골랐다.

곧이어 김이 모락모락 나는 커피가 신속하게 테이블에 올려졌다. 에스프레소를 한 모금 넘기자, 씁쓸한 첫맛 뒤로 구수한 향이 입안 가득 퍼졌다. 크로아티아에서 마신 커피들은 다 맛이 좋았다. 특별한 건 없지만 삼켰을 때 울리는 묵직한 존재감이 있었다. 잘난 체하지 않지만 그 자체로 빛나는, 그런 존재감. 크로아티아에서 마신 커피는 크로아티아를 닮아있었다.

나는 천천히 커피 맛을 음미하며 조심스럽게 옆에 앉은 엄마 얼굴을 바라봤다. 푹 꺼진 두 눈이 평소보다 더 깊어 보였고, 핼쑥한 얼굴은 더 피곤해 보였다. 매일 짐을 싸고 장거리를 이동했고, 하루에 1만 보 2만 보씩 걸어 다녔다. 엄마는 한 번도 불평하지 않았고, 묵묵히 내 계획에 따라주었다. 하지만 엄마는 숙소에 도착할 때마다 소파에 기대어 쪽잠을 자곤 했다. 내게 '괜찮다'고만 말하는 엄마가 안쓰러웠다.

"스플리트까지 얼마나 남았어?"

"이제 반절왔나. 1시간 반 정도 더 가면 된대."

"차 키 줘. 이제 내가 할게."

"엄마 괜찮겠어?"

"너보다 내가 더 운전 베테랑인 거 몰라?"

"그야 그렇지만.."

"네가 옆에서 인간 내비게이션 잘 해봐."

나는 엄마에게 차 키를 건넸다. 문득 내 '초보 운전' 시절이 떠올랐다. 엄마를 선생님 삼아 집 근처로 마실을 다니곤 했는데, 엄마는 내 운전 실력을 불안해하면서도 꾸중 한번 없이 차근히 연수를 봐줬었다.

이제는 어쩐지 엄마와 나의 입장이 뒤바뀐 것 같았다. 나는 엄마의 운전을 주시하며 길을 안내했고, 엄마는 신나게 엑셀을 밟았다. 역시나 운전 고수인 엄마는 한국에서처럼 도로를 누볐다. 운전석엔 엄마가, 보조석엔 내가 앉은 채로 우리의 드라이브는 다시 시작됐다.

크로아티아에서 두 번째로 큰 항구도시인 스플리트는 성곽 안으론 고대 도시의 웅장함이, 성곽을 벗어나면 휴양지만의 여유로움이 흐르는 곳이었다. 거리에는 사람들도, 그들이 내뿜는 활기도 넘쳤다. 우리가 방문한 6월은 날씨도 뜨겁게 타오르는 시즌이었으므로, 작열하는 스플리트의 한낮 날씨를 피해 숙소에 들어가 잠시 쉬기로 했다.

숙소는 시내에서 도보로 10분 정도 떨어진 조용한 주거 지역에 있었다. 유럽식 오래된 건물이라 좀 낡았지만 정겨운 맛이 있었다. 세제 냄새 풍기는 각 잡힌 호텔 방이 아닌, 고소한 음식 냄새와 섬유유연제가 뒤섞인 가정집의 정취가 있었다. 크로아티아 친구 집에 놀러 온 듯한 특유의 따스함이 있었다.

"보미야, 이거 안 열린다"

"어디? 창문? 이거 손잡이 돌려서 밀어야 된다니까"

"아아, 저번 숙소랑 같은 거구나. 에휴 어렵다 어려워"

매번 새로운 숙소에 오면 엄마는 그 집에 익숙해지는 신고식을 치러야 했다. 그 동네 집들은 우리가 살던 곳과는 생김새부터 작동법까지 달라, 나도 엄마도 낯선 것 투성이었는데, 고령인 엄마에겐 더 힘겨워 보였다. 엄마는 숙소가 바뀔 때마다 내 이름을 외쳤다. "보미야, 이 문은 어떻게 여니?", "보미야! 가스 불이 안 들어오는데?", "보미야! 불은 어떻게 켜니?", "보미야!", "보미야..!"

그때마다 나는 크게 심호흡하면서 엄마에게 달려갔다. 그러다 문득 왕년에 '호랑이' 같았던 과거의 엄마를 떠올렸다.

초등학교 교사 출신인 엄마는 엄격하고 반듯한 사람이었다. 그 시절 엄마가 어찌나 무서웠던지, 나는 엄마 앞에서 거짓말 한 번 제대로 해본 적이 없었다. 그렇지만 사람이 어떻게 거짓말 한 번 안 하고 살 수 있었을까. 부모님 몰래 일탈하고 싶은 게 많았던 10대의 어린아이가 말이다.

하루는 친구들과 놀다가 성당에 빠진 적이 있었다. 엄마는 성당을 빠지면 불같이 화를 냈으므로, 거짓말을 해보기로 결심했다. '엄마에겐 성당에 다녀왔다고 해야지.' 집으로 돌아가는 내내 내뱉을 거짓말들을 되뇌고 또 되뇌었다. 이윽고 문이 열리고 엄마와 눈이 마주치자, 나는 말했다. "친구들이랑 놀다가 성당에 못 갔어요..죄송해요, 엄마."

엄마는 내게 그런 존재였다. 엄마의 눈은 나를 꿰뚫고 있는 것 같았고, 엄마는 세상 돌아가는 모든 일들을 다 알고 있는 척척박사 같았다.

그랬던 호랑이 엄마가 이제 나 없이는 창문 여는 것도 힘들어했다. 누구보다 독립적이고 단단했던 여인이 고집부리지 않고 내게 바로 도움을 요청하는 것도 놀라울 일이었다. '이제 엄마의 보호자는 나구나'. 마음에 추가 하나씩 달리는 것 같았다. 코끝도 시큰해졌다. 성가심보다는 애틋함에 가까운 마음이었다. 과거 어린 나를 키우던 엄마의 마음이 지금 내가 느끼는 것과 얼마나 닮아있을까, 궁금해졌다.

"해가 좀 졌다. 나가볼까?"

졸고 있던 나를 엄마가 슬며시 흔들어 깨웠다. 아까까지만 해도 기진맥진하던 엄마는 이미 체력을 회복한 듯 쌩쌩해 보였다. 아무리 세월이 흘러도 엄마의 체력은 좀처럼 따라갈 수가 없다.

해는 기울었지만, 온종일 달궈진 땅은 여전히 이글거렸다. 몇 걸음 떼지도 않았는데 엄마도 나도 금세 기운이 빠졌다. 우리는 느린 걸음으로 구시가지를 향해 걸었다. 성벽 입구에는 흡사 로마 시대의 병사를 연상케 하는 남성 두 명이 떡하니 버티고 서 있었다.

"저 사람들은 저기서 뭐 하는 거래?"

"글쎄, 괜히 얼쩡댔다가 돈 달라 할지도 모르니까 빨리 지나가자."

"돈을 달라고 해? 참나, 날강도들이 따로 없구만."

누구도 돈을 요구하지 않았지만, 나는 지레 겁먹고 경계했다. 예전에 모스크바에서 분장한 사람들과 멋모르고 사진을 찍었다가 지갑을

털린 일이 있었기 때문이다. 나와 엄마는 묵묵히 제자리를 지키고 있는 병사들을 피해, 도망치듯 성벽 안으로 들어섰다.

우리는 제일 먼저 성도미니우스 성당으로 향했다. 유럽을 여행하다 보면 보통 관광 루트가 비슷했다. 먼저 도시에서 가장 큰 성당을 구경하고, 제일 높은 탑에 올라가 전경을 내려다본다. 그리고 구시가지 한 바퀴 돌면 관광은 끝이었다.

스플리트도 크게 다르진 않았다. 매끈한 돌바닥이 널찍하게 깔린 광장과 그 옆에 높게 솟아 있는 성당, 그리고 전망대 역할을 하는 종탑까지. 다만 특이한 게 있다면 성당 앞에 놓인 스핑크스 석상이었다.

"성당 앞에 웬 스핑크스?"

엄마의 말끝에 물음표가 붙는 순간, 반사적으로 핸드폰을 꺼내 검색을 눌렀다.

"로마인들이 이집트와의 전쟁에서 승리하고 가져온 전리품이래."

"신기하네.."

우리는 성당을 한 바퀴 돌고 종탑에도 올랐다. 꼭대기에 오르니 스플리트 전경이 발아래로 펼쳐졌다. 저 멀리 부두에 크나큰 유람선들이 들어차 있었고, 골목에는 낡고 오래된 지붕이 오밀조밀 붙어있었다. 신시가지와 구시가지가 묘하게 뒤섞인 모습이었다. 붉은 지붕들이 빼곡히 맞닿은 모습이, 이 동네의 인구 밀도를 짐작하게 했다.

　저녁이 되어 예약해 둔 식당을 찾아 걸었다. 끝없이 이어지는 아이보리색 돌바닥은 낭만 그 자체였다. 그 위를 걷는 사람들도 영화 속 한 장면 같았다. 손을 꼭 잡고 어린아이처럼 웃고 있는 노부부, 그리고 웨딩드레스와 턱시도를 차려입고 아이스크림을 먹던 젊은 커플까지. 낭만의 조각들이 골목마다 새겨져 있었다.

식당은 야외석과 실내석 둘 다 앉을 수 있었는데, 우리는 야외석을 원했다. 야외에서 펼쳐지는 엔딩없는 영화를 지켜보기 위함이었다. 이때까지는 아무 문제도 없었다. 사건은 갑자기 날아들어 온 정체불명의 곤충에 의해 시작됐다. 곤충은 내 다리 사이를 왔다 갔다 종횡무진했고, 넋 놓고 있던 나는 갑자기 종아리에서 따끔한 것을 느꼈다.

"아얏!"

예사로운 고통이 아니었다. 나는 불쾌한 눈길로 식탁 아래를 살펴봤다. 그때 종아리 뒤쪽에서 엄지손가락만 한 무언가가 붕 하고 날아올랐다. 순식간이라 정확하진 않지만 벌인 것 같았다. 놈은 나를 쏘고도 태연하게 날더니 황급히 자리를 폈다. 아픔보단 겁이 먼저 밀려왔다. 벌에 쏘여본 적은 있었지만, 이렇게 큰 벌은 처음이었다. 순간 오만가지 잡다한 망상들이 떠올랐다. 죽는 건..아니겠지?

나는 서둘러 녹색 검색창을 열었다. '벌에 쏘이면 죽나요?', '유럽 말벌', '말벌에 쏘이면 병원' 등등을 검색했다. 검색 결과가 화면을 가득 메웠고, 그중 가장 신뢰 가는 글을 선택해 읽었다. '사람에 따라 다르지만, 알레르기 반응으로 구토나 설사 등이 나타나고 심한 경우엔 의식을 잃거나 사망하기도 한다.' ...절망적이었다. 갑자기 어지러웠다. 독침 때문인지 단순히 기분 탓인지 헷갈렸다.

'내가 여기서 죽으면 엄마는 어떻게 한국으로 돌아가지? 비행기 타러 잘 가실 수 있겠지? 그래도 엄마랑 여행하다 떠나서 다행이다. 아름다운 도시에서 조용히 눈 감는 것도 나쁘지 않겠어. 근데 한편으론 엄마가 받을 충격이 걱정되네. 엄마 앞에선 티 내지 말고 잠자코 있어야겠다. 핸드폰에 유서라도 작성해 둘까...'

하지만 엄마는 내가 그러거나 말거나 식사에 몰두해 있었다. 분명 벌에 쏘일 때 소리를 꽥 지른 것 같았는데, 지금도 종아리를 붙잡고 식사도 하는 둥 마는 둥 하는데, 엄마는 내게 관심을 두지 않았다. 꽤 괜찮은 맛집에 온 탓이었을까.

밤이 깊어질수록 나는 더 심란해졌다. 다음날 크로아티아에서 보스니아 헤르체고비나로 국경을 넘어야 했기 때문이다. 출국 전부터 수없이 검색했지만, 보스니아에 대한 정보는 많지 않았다. 특히 렌터카로 이동한 사람들의 후기가 자세하지 않았다. 누구는 별도의 비자가 필요하니 여행을 증명할 만한 모든 서류를 챙겨 움직여야 한다고 했고, 어떤 사람은 특정 보험을 들지 않으면 입국이 안 된다고 했다. 게다가 전 세계에 '코로나'라는 이변이 닥치면서 정책이 또 어떻게 바뀌었는지 알 수 없었다. 나는 갑자기 모든 일정을 취소하고 스플리트에 남고 싶었다. 오래전 사회주의 체제였다가 끔찍한 내전을 겪은 나라, 보스니아는 왠지 쉽게 문을 열어주지 않을 것 같았다. 분명 한국에서는 '그래도 부딪혀보자!'는 마음이었는데, 벌에게 한 방 먹고 나니 용기고 뭐고 사라져 버렸다.

"내일 보스니아 가지 말까?"

"무슨 소리 하는 거야? 이번 여행의 하이라이트가 보스니안데! 엄마 버킷리스트 중 하나잖아."

"아니, 그냥. 비자 문제로 거절당할 수도 있잖아. 우린 여기 사람도 아니고, 혹시나 위험한 일이라도 생기면 어떡해."

"남들 다 멀쩡히 다녀오는데 우리만 문제가 생겨? 별일 없을 거야. 그냥 예정대로 가."

엄마가 이토록 보스니아에 가고 싶어 한 데에는 이유가 있었다. 엄마는 보스니아의 작은 마을, 메주고리예에 가고 싶어 했다. 그곳에는 가톨릭에서도 손꼽히는 유명한 성지가 있기 때문이었다. 독실한 가톨릭 신자인 엄마에게 메주고리예는 버킷리스트 어쩌면 그 이상이었다. 한국에서도 엄마는 메주고리예 사진들을 컴퓨터 화면에 가득 띄워놓고 말없이 바라보곤 했었다. 엄마가 이번 여행에서 뭘 제일 기대하고 있는지, 잘 알고 있었다. 게다가 이미 한국에서부터 계획한 일정 아닌가. 이제 와서 무를 수는 없었다. 단순히 겁이 난다는 이유로, 벌에 쏘여 기분이 안 좋다는 이유로, 엄마의 꿈을 단념시킬 순 없었다.

나는 자동차 렌트 서류부터 출국 비행기 티켓까지 하나하나 꼼꼼히 챙겼다. 불안한 만큼 빈틈없이 준비했다. 이렇게까지 했는데도 입국을 거절당하면, 그땐 어쩔 수 없는 일이라고 생각했다.

파스타 면을 삶고 소스를 부었다. 다음날 먹을 도시락을 싸기 위해서였다. 짐을 싸고, 내일 입을 옷도 소파 위에 가지런히 놓았다. 새벽 5시에 알람을 맞추고 침대에 눕자, 시간은 자정에 가까워져 있었다.

잠이 오지 않았다. 벌에 쏘여 퉁퉁 부은 종아리를 손끝으로 매만졌다. 참았던 눈물이 흘렀다. 몸도 마음도 아팠지만 그런 티를 낼 새도 없이 엄마의 여행만 챙기는 나 자신이 바보 같았다. 나는 엄마의 여행을 위해 움직이고, 엄마는 엄마의 여행에 집중하고 있는 것 같았다. 옆 침대에서 곤히 잠든 엄마가 괜히 미웠다.

가족들과 함께하는 여행은 매번 느끼지만 온전히 나의 여행이 될 수 없다. 그곳에서 내가 즐길 수 있는 건 가족들이 행복하고 즐거운 추억을 얻어가는 모습을 보는 것뿐이다. 거기까지 생각이 미치자, 눈물이 장맛비처럼 주룩주룩 쏟아졌다. 한바탕 눈물을 쏟아내고 선잠에 들 때쯤, 핸드폰은 이제 막 알람 울릴 준비를 하고 있었다.

그래, 넘어보자 국경!

새벽 5시. 눈 떠보니 밖은 아직 어둠이 짙게 내려앉아 있었다. 대충 얼굴에 물만 묻히고 서둘러 숙소를 나섰다. 꼭두새벽부터 움직인 이유는 국경을 여유로운 시간에 통과하고 싶었고, 또 메주고리예에서 오전 10시에 거행되는 미사에 참여하기 위해서였다.

어스름한 하늘 아래, 보스니아 국경 앞에 다다랐다. 주변이 아직 어둑했고, 국경을 넘는 차는 우리뿐이었다. 검문소 앞에서 바람에 흩날리는 보스니아 국기가 유난히 선명해 보였다. 나는 검문소에 차를 가까이 댄 후, 창문을 내리고 여권을 들이밀었다.

"비자나 보험이 필요한가요?"

"아니."

직원은 딱 잘라 '아니'라고 답하더니, 여권에 도장을 쾅 찍고는 지나가라 손짓했다. 전날 밤 부랴부랴 준비한 서류들은 거들떠보지도 않았다. 기어를 드라이브로 옮기고 국경을 밟는 데 느껴지는 쾌감이란! 벌에 쏘인 (것으로 추정되는) 몸뚱이는 여전히 살아 움직였고, 우리는 보스니아를 별일 없이 통과했다. 스플리트에서 울고불고 난리 치던 걱정 인형은 사라진 지 오래였다.

    국경을 넘고 1시간 남짓 걸려 메주고리예에 도착했다. 메주고리예는 아주 작은 마을이어서 돌다 보면 거리가 쉽게 눈에 익었다.
    주차를 끝내고 차에서 내리자, 대형 버스와 승용차들이 줄지어 들어섰다. 차들이 몰리자, 주차장부터 성당 앞 도로까지 차들이 정차하는 장관이 펼쳐졌다. 찰나였다. 우리도 조금만 늦었으면 주차장은 커녕 도로 한복판에 꼼짝없이 갇힐 뻔했다. 일요일 오전 10시 미사에는 현지인은 물론 각국에서 사람들이 몰려든다더니, 소문이 사실이었다. 새벽부터 부지런 떨기를 잘했다 싶었다.
    엄마와 나는 성당을 천천히 둘러본 뒤 성전 안으로 들어갔다. 내부는 예상외로 평범했다. 아무 무늬도 장식도 없는 밋밋한 하얀 벽이 사방을 감싸고 있었고, 스테인드글라스를 통과한 햇빛이 창가를 알록달록하게 물들였다. 서유럽의 웅장하고 화려한 성당들과는 사뭇 달랐다. 그 단조로움이 오히려 마음을 차분하게 만들었다. 조용히 눈을 감고 스스로에게 집중했다.

이럴 땐 무슨 기도를 드려야 할까. 독실한 신자인 엄마에 비해 나의 신앙심은 그다지 대단치 않았다. 태어난 순간부터 내게 신앙은 선택이 아니었다. 엄마의 강압적인 종교 교육은 오히려 반항심을 키웠고, 어릴 때는 성인만 되면 종교의 자유를 외치리라 다짐했었다.

그때의 결심과 달리, 나는 여전히 종교 곁을 맴돌고 있다. 헌신하는 마음까진 아니지만, 이웃에게 사랑을 전하라는 말씀을 존경하고 따르려는 편이다. 그런 얕은 마음 탓인지 나는 어떤 순간에 어떤 기도를 해야 할지 잘 몰랐다. 공부도 하던 애들이나 하고, 기도도 해본 사람이나 잘하는 게 아닐까 싶었다. 나는 눈을 감고 이번 크로아티아에서 있었던 일들을 떠올렸다. 그리고 엄마를 생각했다. 앞으로의 일정이 무탈하기를. 엄마의 건강이 오래 지속되기를. 가볍게 시작된 기도는 마음을 뜨겁게 데우고 나서야 끝이 났다.

미사가 끝나고 성당 뒤편에 공원을 찾았다. 우거진 나무가 근사한 그늘을 만들었고, 그 아래로 기분 좋은 바람이 불었다. 벤치에 앉아 가방에서 도시락을 꺼냈다. 파스타 면이 덜 익었는지 딱딱했고 간도 싱거웠다. 최악의 맛이었지만, 우리는 도란도란 수다 떨며 잘도 먹었다.

"그때도 이 파스타였지!"

며칠 전 플리트비체에 갈 때도 같은 도시락을 쌌는데, 그때 생각이 나서 엄마도 나도 웃음을 터뜨렸다. 그날 포크를 깜빡 두고 오는 바람에, 근처 카페에서 커피 휘젓는 용의 작은 나무 스푼을 얻어왔었다. 엄마와 나는 스푼 위에 파스타를 얹기도 하고 포크처럼 찍기도 하며 어렵사리 식사를 마쳤었다.

"저기 줄 서 있는 사람들은 뭐지?"

한적한 공원 한쪽에 길게 줄 선 무리가 보였다. 그들을 따라가 보니 그 끝에 거대한 조형물이 놓여있었다. 십자가에 걸린 예수의 모습을 형상화한 예수상이었는데, 일반적인 석상과 달리 푸른빛이 감돌았다. 나는 핸드폰을 꺼내 검색했다.

'치유의 청동 예수상'. 청동으로 만들어진 예수상에서 치유의 기적을 일으키는 물이 흘러나와 유명해졌다고 한다. 그래서인지 사람들은 손에 손수건과 물병 따위를 들고 서서 예수상의 다리 위로 흐르는 물을 담고 있었다. 나는 그런 기적을 믿지도 바라지도 않지만, 예수상을 꼭 끌어안은 사람들의 표정을 보고 있으니 차마 발이 떨어지지 않았다. 저들의 모든 상처가 치유되기를. 나는 그곳에 모인 간절한 마음들을 위해 조용히 묵념했다.

성당을 떠나 우리는 성모 발현지를 찾았다. 사실상 메주고리예가 순례지로 유명해진 데에는 바로 이곳 때문이었다. 1981년, 성모마리아가 여섯 명의 어린 아이 앞에 나타나 가르침을 전했다는 것이 이곳 사람들의 주장이다. 로마 교황청은 여전히 진위를 조사중이나, 이곳이 많은 이들에게 좋은 영향을 주고 있음을 받아들여 '순례지'로 공식적으로 허용했다.

발현지 입구에 도착하자마자 여기가 왜 순례지로 인정받을 수밖에 없었는지 깨달았다. 발현지까지 가려면 산을 올라야 했는데, 길에는 온통 돌로 뒤덮여 있었다. 게다가 돌은 꽤 큼지막하고 울퉁불퉁한 데다 날카롭기까지 해 자칫 발을 잘못 헛디뎠다간 얼굴이 갈릴 판이었다. 생사의 위협 속에서 돌을 밟고 오르다 보면 자연스럽게 종교에 귀의하게 될 것 같았다.

"바닥에 돌이 장난 아니네. 난 못 올라가겠어. 엄마 혼자 올라가.."

내 말을 들었는지 못 들었는지, 엄마는 뒤도 보지 않고 재빠르게 올라갔다. 이 또한 종교의 힘일까. 날쌘돌이처럼 돌 위를 뛰어다니는 엄마는 마치 도인 같았다. 나는 햇빛 피할 곳을 찾지 못해 우왕좌왕하다 결국 엄마를 뒤따랐다. 험하고 가파른 길이 이어졌다. 산은 쉽사리 정상을 내어주지 않았다. 앞만 보고 달리는 엄마의 냉정한 뒷모습을 보니 약이 올라 발을 더 열심히 굴렸다. 걸을 때마다 돌을 품고 있는 황갈색의 흙이 풀풀 날렸다.

땀을 뻘뻘 흘리며 엄마를 쫓다 보니 어느새 널따란 들판, 아니 '돌' 판이 모습을 드러냈다. 돌 판 한가운데에는 순백색의 성모상이 놓여있었다. 그곳이 바로 성모 발현지였다. 성모상 주변을 둘러싼 사람들은 저마다의 방식으로 기도하고 있었다. 누군가는 찬송가를 불렀고, 누군가는 눈을 꼭 감고 중얼거렸으며, 누군가는 무릎을 꿇고 있었다. 그들은 청동 예수상 앞에 서서 기도드리던 이들과 닮아있었다. 무엇이 그들을 그토록 애달프게 만들었을까. 그들의 간절함은 저절로 입을 다물고 손을 모으게 했다. 나는 진심으로, 그들의 기도가 신에게 닿기를 바랐다.

고단한 등산을 마친 엄마와 나는 그늘로 들어가 땀을 식혔다. 그늘 밖은 햇빛이 할퀴듯 강하게 내리쬤지만, 그늘에선 찬 바람이 흐르던 땀을 빠르게 훔쳐냈다. 나는 돌바닥에 엉덩이를 요리조리 움직여가며 편안한 자리를 찾았다. 그러다 어제 벌에 쏘인 상처에 손이 스쳤다. 상처는 많이 아물어 있었다.

상처는 결국 아무는구나. 벌이 종아리에 독침을 쏘고 간 것처럼 세상엔 괴상하고도 괴로운 일들이 뜻하지 않게 일어나지만, 결국 언젠가는 회복하고야 만다. 그걸 알면서도 얼마나 감정에 휩쓸려왔는가. 순간적인 기분에 결단력은 흐려졌고, 쉽게 놓아버렸다. 그러곤 당당하게 말했다. "포기하면 쉬워." 하지만 상처가 아물고 나면 여지없이 허무함이 몰려왔다. 왜 더 부딪혀 보지 않았지? 좀 더 버텨볼걸. 좀 더 도전해 볼걸. 다친 김에 더 다쳐볼걸.

전날 밤의 나 역시 그랬다. 자포자기하고 싶은 감정에 휩쓸렸었다. 국경 넘기가 두려웠던 것은 둘째치고, 엄마에게 서운했던 마음이 눈처럼 불어난 탓이 컸다. 내 아픔에 공감해 주지 않는 엄마가 미웠다. 그제야 정작 중요한 걸 놓쳤다는 사실을 깨달았다.

그럼 나는 엄마에게 내 속마음을 제대로 전달했을까? '엄마, 내가 벌에 쏘여서 아프고 걱정되는데, 나한테 신경 좀 써주면 안 될까?'라고 말이다. 아마 나는 죽을 때까지 엄마에게 솔직한 딸이 되긴 힘들 것 같다. 그럼에도 노력해야 한다. 엄마와 나 사이의 소통 문제의 책임은 내게도 반이 있었다.

옆에서 엄마의 중얼거림이 미세하게 들렸다. 엄마는 산을 오르면서

부터 지금까지 뭔갈 중얼거리며 기도하고 있었다. 엄마도 뾰족한 돌 위에서 무릎 꿇고 기도하던 보스니아인들과 닮아있었다. 나도 따라서 두 손을 모았다. 그리고 엄마가 지금 간절히 바라는 기도가 이루어지기를 빌었다.

한국에서 메주고리예 사진을 진지하게 바라보던 엄마를, 이곳에 도착해서도 연신 심각하게 기도하는 엄마를 이제야 이해할 수 있을 것 같았다. 엄마 역시 나를 위해 기도했을 것이다. 엄마도 나의 여행이 의미 있기를, 이곳에서 뭔가를 깨닫고 가기를 간절히 빌었을 것이다. 그때, 엄마와 나의 마음 사이에 이어진 얇고 단단한 실이 느껴졌다.

미션: 렌트카를 반납하라

 간판도 없는 작은 사무실의 유리문을 조심스럽게 밀었다. 사무실 안에는 책상과 소파가 하나씩 놓여 있었고, 직원 두 명이 각각 앉아 자리를 차지하고 있었다. 나의 갑작스러운 등장에 놀랐던지 앉아 있던 두 직원은 일제히 벌떡 일어났다. 그중 키가 190cm는 족히 넘어 보이는, 그리고 배구 선수 김연경을 닮은 한 언니가 내 앞으로 성큼 다가왔다. 언니는 파일에 적힌 글씨를 한참 들여다보니 입을 열었다.

"보미 성?"

"네!"

"차는 어디 있죠?"

"건물 앞에 주차 해놨어요"

"좋아요, 가봅시다"

크로아티아 연경 언니는 체격도 위압적이었지만 표정과 말투에서 뿜어져 나오는 카리스마도 어마어마했다. 나는 그녀의 분위기에 완전히 압도당했다. 순한 양이 된 나는, 언니의 간단한 손짓 하나에 냉큼 차 키를 언니 손에 쥐여주었다. 연경 언니는 차를 이리저리 꼼꼼하게 훑어보더니 운전석에 앉아 시동을 켰다 끄기를 반복했다. 영문도 모르고 교장실에 불려 간 학생처럼, 초조한 눈빛으로 언니의 행동을 지켜봤다. 언니는 운전석에서 계기판을 한번 보더니 고개를 갸웃했다.

"기름을 꽉 채워야 해요. 근처에 주유소가 있는데 거기 가면 될 겁니다"

"어? 기름...?"

사실 불과 10분 전, 연경 언니가 말한 주유소에서 기름을 채워온 상태였다. 어리둥절한 채 계기판을 확인해 보니, 정말 연경 언니 말대로 기름 게이지가 반만 올라가 있었다.

"어..음.. 알겠어요"

방금 주유소를 들렀던 사실을 설명하고 싶었지만, 짧은 영어 탓에 입을 다물었다. 주유소에서 뭔가 실수가 있었겠지. 다시 주유소에 가서 기름만 채워오면 될 일이었다.

"근데 당신은 차를 5시 전까지 반납해야 하고 나는 5시면 바로 퇴근할 거예요. 그 안에 와야 하는데, 가능하겠어요?"

"물론이죠!"

나는 의기양양하게 엄마를 보조석에 태우고 다시 주유소를 향했다. 아직 시간은 충분했다. 게다가 주유소는 고작 5분 거리. 엎어지면 코 닿을 곳이었다. 금방 가서 기름만 넣고 오면...

"오 마이 갓! 이게 뭐야?"

다시 찾아간 주유소에는 웬일인지 아까보다 훨씬 많은 차가 떼 지어 있었다. 운전자들은 유럽 사람 특유의 나른한 분위기로 차분히 주유도 하고 담배도 피우며 여유를 즐기고 있었다. 나도 그들의 느긋한 감성을 좋아하지만, 지금은 때가 아니었다. 나를 지긋이 바라보던 크로아티아 연경 언니의 날카로운 눈빛이 머리에 맴돌았다. 다리가 달달 떨렸고, 손톱은 하도 물어뜯은 탓에 너덜너덜해졌다. 시간은 어느새 4시 48분까지 흘렀다. 10분 남짓 남은 시간이었다.

"조금 늦어도 괜찮지 않을까?"

발을 동동 구르는 내게 엄마는 태연하게 말을 건넸다.

"유럽이잖아, 엄마. 여기 사람들, 퇴근이 늦어진다는 건 상상도 못할걸. 게다가 오늘 토요일이고! 우린 내일 아침에 배 타고 이 도시를 떠나야 하는데! 망했다!!"

비명이 꽥 하고 튀어나오자 엄마도 덩달아 당황한 듯 보였다. 이대로 기다리고만 있을 수 없어 차에서 내렸다.

"실례합니다. 기름 다 넣으셨으면 차를 빼주실 수 있나요?"

아까부터 기름을 다 넣고도 꿈쩍도 하지 않던 차 주인에게 다가가 차를 **빼달라**고 부탁했다. 그리고 팔다리를 내뻗으며 무질서하게 놓인 차들의 교통정리를 시작했다. 주유기는 2대뿐이었는데 차들이 막무가내로 고개를 들이미는 바람에 주유소 안이 엉망진창이 되어 있었다. 내가 차에서 내려 바삐 움직이는 사이, 엄마는 운전석으로 넘어가 내수신호에 맞춰 차를 요리조리 움직였다. 그야말로 환상의 팀워크였다. 교통정리를 마친 나는, 순서를 기다리고 있는 앞 차 운전자에게 다가가 말을 걸었다.

"실례합니다. 제가 정말 정말 급해서 그런데, 먼저 주유해도 될까요? 죄송합니다"

운전자들은 하얗게 질린 내 얼굴에 놀랐는지, 설명을 듣자마자 자리를 양보해 주었다. 그때, 주유소 직원이 뭔 일인가 싶어 달려왔다.

"당신, 아까 주유했잖아요?"

"맞아요. 근데 주유기가 고장 난 건지 주유가 반밖에 안 됐어요!"

평정심을 잃은 나는 방방 뛰며 오류투성이의 영어를 마구 뱉었다.

"아뇨, 그럴 리가 없는데"

직원은 미간을 찌푸리며 내 차에 주유를 시작했지만 기름 게이지는 여전히 오르지 않았다.

"이건 주유기가 고장 난 게 틀림없어요! 옆에 주유기에서 기름을 넣어봐야겠어요! 나는 렌터카에 기름을 다 채워서 반납해야 한다고요!!"

주유소 직원은 얼굴을 일그러뜨리며 불만을 내비쳤지만 내 똥고집에 백기를 들었다. 그는 옆에 있던 다른 주유기를 끌고 와 차에 꽂아 넣었다. 직원이 기름을 넣기 시작하자 '올칵!'하는 소리와 함께 기름이 흘러나왔다. 이미 기름이 꽉 찬 차에 억지로 기름을 쑤셔 넣으니 역류한 것이었다. 그제야 나는 주유기가 아닌 자동차 계기판에 문제가 있음을 깨달았다. 주유소 직원은 불같이 화를 내며 분노의 랩을 쏟아냈다.

"다들 잘만 기름을 넣어간다고! 우리 기계는 아무 문제가 없어!"

주유소 직원은 넘친 기름을 닦아내며 고래고래 소리를 질렀다. 미안함과 민망함에 얼굴이 화끈거렸다.

"정말 죄송합니다..죄송합니다.."

나는 넘친 기름까지 전부 계산하고 도망치듯 차 안으로 몸을 던졌다. 차 문을 닫는 순간까지도 직원은 내 뒤통수에 대고 욕을 퍼부었다. 직원은 목에 핏대를 세우고 침을 튀기며 화를 냈다. 한 단어도 알아듣지 못했지만, 주변 사람들까지 나서서 말리는 것을 보아하니 분명 심한 욕이었을 것이다. 내가 보조석 문을 닫자마자 엄마는 기다렸다는 듯 핸들을 틀었다.

"5시 2분 전이야."

이 한마디를 던진 뒤 엄마는 맹렬하게 엑셀을 밟았다. 그리고 수십 년간 다져온 끼어들기 신공으로 유럽 운전자들을 제치며 광란의 질주를 이어갔다. 온몸이 파르르 떨리기 시작했고, 심장이 튀어나올 것 같

았다.

'17:00'

시계는 야속하게 오후 5시를 가리켰고 나는 인생에서 가장 큰 절망을 느꼈다. 주말 퇴근을 연장하게 만드는 이 보잘것없고 나약한 동양인 여자애에게 자비 따위는 없을 것이다. 설상가상으로 터널 안이 꽉 막혀 옴짝달싹하지 못하게 됐고, 나는 머릿속이 하얘졌다.

'17:01'

가까스로 1분을 넘긴 시간에 목적지까지 도착했다. 마침 막 차에 타려는 연경 언니의 뒷모습이 보였다. 정말 피도 눈물도 없는 사람. 그래도 1분이나 기다려줬으니 고맙다고 해야 할까.

"엄마!! 멈춰!!

차에서 내린 나는 연경 언니를 향해 두 팔을 휘저으며 달려갔다. 나를 사이드미러로 발견한 연경 언니는 차를 세우고 내게 다가왔다.

"주유소에서 기름을 넣었는데 기름이 왈칵! 왈칵! 두유 노? 그러니까 내 말은, 어, 그, 차에 기름이 풀로 채워져 있고, 차는 잘 간다. 차가 고장 났다. 아니, 차는 잘 가는데 차가 고장 났다. 아니 그러니까.."

"아, 그래요. 그래요. 알겠어요. 이해했어요. 진정해요. 진정해."

이성을 잃은 나머지, 영어와 한국말이 뒤섞여 알아들을 수 없는 말을 내뱉었고, 연경언니는 그런 나를 차분히 다독이며 답했다.

"차는 저희가 가져가 확인해 보겠습니다. 만일 문제가 있다면 따로 연락이 갈 거예요. 수리비가 나오면 결제할 때 등록된 카드로 요금이 청구될 겁니다. 근데 별거 아닐 거예요. 문제없을 겁니다. 걱정하지 마세요."

'Don't worry.' 언니의 마지막 한 마디에 안심이 되었는지 순간 다리에 힘이 풀려 주저앉을 뻔했다.

"고마워요. 좋은 주말 보내세요!"

엄마도 차에서 내려 연경 언니와 인사를 나눴다. 언니는 일주일간 우리와 동고동락했던 차를 타고 홀연히 자리를 떠났다. 우리는 축 늘어진 어깨를 하고 터덜터덜 집으로 돌아갔다. 20분간 스릴 넘치는 영화 한 편이 우리 앞을 스치고 지나갔다.

"손이고 다리고 벌벌 떨리네."

"여기 잠깐 앉을까?"

엄마는 부들부들 떠는 나를 길가에 놓인 벤치에 데려가 앉혔다.

"고생 많았다, 딸."

엄마의 한마디에 이번 여행에서 가장 고단하고 어려운 관문이 끝났음을 절감했다. 안도감과 함께 뭔가 해냈다는 성취감도 몰려왔다. 평정심이 돌아오니 불과 몇 분 전 핸들을 자유자재로 꺾던 엄마 모습이 떠올랐다. 그리고 매 순간 엄마가 곁에 있어 얼마나 위안이 됐는지 깨달았다. 한동안 내가 엄마의 보호자라도 된 양 굴었지만, 아직 엄마 품에서 한없이 어리고 작은 존재였다. 마트에서 엄마를 잃어버리면 '으앙'하고 울어버리는 어린 아이에서 더 크게 자라지 못한 것 같은 기분도 들었다.

엄마에게 닿던 시선이 붉게 물든 석양으로 옮겨졌다. 석양은 내 얼굴뿐만 아니라 잘게 부서지는 파도도 발갛게 물들였다. 우리 앞으로 펼쳐진 아름다운 스플리트의 해변이 '오늘이 너와 나의 마지막 밤이야'하고 속삭이는 것 같았다.

최고의 여행 메이트, 엄마

 잠시 후 페리에서 목적지에 도착했다는 안내 방송이 흘러나왔다. 우리는 스플리트를 떠나 흐바르(Hvar)섬으로 향하는 중이었다. 흐바르는 스플리트에서 배로 불과 1시간밖에 걸리지 않은 가까운 곳에 있었다. 페리에서 내린 나와 엄마는 예약해 둔 숙소로 향했다.

 한 손에는 구글맵을, 한 손에는 캐리어를 쥐고, 지도가 가리키는 방향으로 걸었다. 우둘투둘한 돌바닥에 캐리어 바퀴가 부딪치며 우당탕 요란한 소리를 냈다.

 있는 듯 없는 듯한 대문을 지나쳐 좁은 마당 안으로 들어섰다. 마당에는 손때 묻은 집안 살림들이 잔뜩 쌓여 있었고, 한 가운데 가로질러 놓은 빨랫줄에도 옷가지들이 널려 있었다. 마당에서부터 풍기는 사람 냄새가 정겨웠다.

"안녕하세요. 누구 계세요?"

나의 목소리에 쪼르르 달려 나온 건 4살쯤 되어 보이는 어린 여자아이였다. 아이는 아무렇게나 헝클어진 머리에 잠옷 차림으로 나와 우리를 향해 배시시 웃었다.

"안녕?"

내가 인사하자 아이는 수줍은 듯 손으로 얼굴을 감추더니 집 안으로 뛰어 들어갔다. 잠시 후 아이가 사라진 곳에서 풍채 좋은 아주머니가 모습을 드러냈다. 아이는 아주머니의 품에 폭 안겨 우리를 곁눈질로 훔쳐봤다. 아이와 아주머니의 얼굴이 똑 닮아 있었다. 서로를 꼭 끌어안고 있는 모녀를 보면서 문득 궁금해졌다. 그 시절의 엄마와 나도 저렇게 사랑스러웠을까. 지금 우리는, 남들이 보기에 얼마나 정다운 한 쌍으로 비칠까.

아주머니는 얼굴에 한가득 미소 지으며 인사를 건넸다.

"안녕하세요. 보미 성 맞지요?"

"네, 맞아요. 체크인 시간보다 일찍 왔는데 짐을 맡겨도 될까요?"

"네, 방이 비어 있어서 얼리 체크인 가능합니다. 안내해 드릴게요. 따라오세요."

마당을 지나 집 뒤편으로 돌아가니 또 다른 독채가 모습을 드러냈다. 문을 열고 들어가니 그 안에는 공용 주방과 욕실, 그리고 개별 방들이 있었다. 우리에게 배정된 숙소는 오른쪽 첫 번째 방이었고, 먼저 도착한 다른 한 팀이 나머지 방을 차지하고 있었다. 지금까지 머문 숙소들은 독채 전체를 사용하거나 꽤 괜찮은 호텔 방이었지만, 이곳에선 처음으로 낯선 외국인들과 함께 생활해야 했다. 비용과 위치 등을 고려했을 때 최선의 선택이었기에 후회는 없었다. 다만 엄마가 불편해하진 않을까 걱정됐다.

"엄마, 다른 사람들이랑 화장실도 같이 써야 하는데 괜찮아?"

"아이구 별걱정을 다 한다. 엄마 몰라? 피렌체에서도 수십 명이 바글바글한 방에서 잘만 잤잖아."

엄마 말에 반은 맞고 반은 틀렸다. 수십 명은 아니지만, 10인 도미토리룸에서 엄마는 참 잘 지냈었다. 5년 전, 피렌체에 갔을 때 일이었다. 예약한 숙소가 오버 부킹되는 바람에 길바닥에 나앉을 뻔한 적 있었다. 급한 마음에 한인 민박집을 찾았고, 운 좋게 10인 도미토리룸에 빈자리가 있었다. 이 층 침대가 닭장처럼 빼곡히 차 있는 10인실이었지만, 저렴한 가격에 아침과 저녁까지 제공됐기에 1초의 망설임도 없이 숙박을 결정했다.

우리가 묵은 방은 여성 전용이었기 때문에 크게 불편하지 않았지만, 난생처음 보는 8명의 여성과 한 공간에서 생활한다는 것은 젊은 내게도 쉬운 일은 아니었다. 그런데도 엄마는 단 한 번 불평하지 않았다. 오히려 즐기는 듯 보였다.

예를 들면 숙소에 샤워실이 부족해서 9명의 경쟁자들이 다 씻은 후

최고의 여행 메이트, 엄마

에야 들어갈 수 있었는데 그때마다 엄마는, "얘, 여기 샤워기 수압이 장난 아니다. 한국 목욕탕 온 것처럼 시원하게 씻었네."라며 좋아했다. 그뿐인가? 건더기도 변변치 않은 짜장밥이 저녁으로 나온 날에는 "이 짜장밥 진짜 공짜 맞니? 양도 푸짐한데 저 친구가 더 먹어도 된다더라."며 맛있게 한 그릇 해치웠다. "엄마, 숙소 불편하고 좀 그렇지? 내일은 다른 데로 이동하니까 좀만 참아."라는 나의 말에, 엄마는 "신기한 경험도 하고 너무 좋아."라며 진심으로 기뻐했었다.

물론 여행 일정을 짜는 내게 부담되지 않으려 싫은 티를 안 낸 거일 수도 있지만, 엄마는 평소에도 여행 중에 투덜대는 경우가 거의 없었다. 어딜 가든 신기해했고, 뭘 먹어도 맛있게 먹었다.

최근 SNS에는 '부모님 여행 십계명'이 화제던데, 그 내용에는 '아직 멀었냐?' 금지, '음식이 짜다.' 금지, '겨우 이거 보러 왔냐?' 금지 등 여행 중 불평하는 부모님을 향한 당부의 메시지가 담겨 있다. 나는 그 십계명을 보고 웃으면서도 크게 공감하진 않았다. 그리고 새삼 십계명에 해당 사항 없이 여행 다니는 엄마가 고맙고 또 대단해 보였다.

종종 엄마를 보며 생각했다. '엄마가 요즘 시대에 태어났으면 어땠을까. 아마 방방곡곡을 누비며 다녔겠지.'

우리는 짐 정리를 마치고 수영복으로 갈아입었다. 집 앞 5분 거리에 놓인 해수욕장에 가기 위해서였다. 이번 여행 내내 수영할 타이밍을 노렸는데 이번이 절호의 기회였다. 수영을 잘하는 편은 아니었지만, 물 안에서 내 몸이 자유롭게 부유하는 느낌은 좋아했다. 게다가 이럴 때 아니면 언제 아드리아 바닷물에 몸을 적셔보겠는가! 엄마는 썩 내키지 않아 했지만 나의 성화에 못 이겨 결국 따라나섰다.

"배가 너무 나온 거 같아."

"그 정도면 애교지. 자신 있게 걸어."

오랜만에 수영복을 입어서인지 접히는 뱃살이 거슬렸다. 그에 비해 날씬한 엄마는 군살 없이 날렵한 몸매로 수영복을 소화했다. 우리는 반들반들한 몽돌을 밟으며 천천히 바다 안으로 들어갔다. 파도는 비교적 잔잔했고 수위가 높지 않아 물장구치기에 딱 좋았다.

"엄마, 여기 봐 여기. 브이 해봐."

"너 핸드폰 들고 까불다가 봉변당한다."

나는 소녀처럼 해맑게 물놀이하는 엄마를 카메라에 담고 싶었다. 서울에서는 본 적 없던 어린아이의 얼굴이었다. 아직도 내가 모르는 엄마의 모습들이 너무 많다는 생각이 들었다. 엄마도 나처럼 방황하던 10대의 시절이 있었고, 사회에 발을 내딛던 20대 시절이 있었고, 어른이 되어가는 30대 시절을 겪었겠지. 엄마는 나의 엄마로 살아오느라 젊은 시절의 얼굴을 많이 잊고 지냈을 것이다.

발장구를 치며 바다 위를 유유히 헤엄쳤다. 얼굴을 향해 쏘는 태양은 따사로웠고 몸을 감싸는 바닷물은 시원했다. 살랑살랑 일렁이는 물결이 기분 좋게 턱을 어루만졌다. 동양인은 우리 둘뿐이었고, 우리는 흐바르섬에 유일한 이방인처럼 느껴졌다. 이방인이 된 느낌이 딱히 나쁘지 않았다. 마치 그곳이 우리의 독무대처럼 느껴졌기 때문이다. 우리는 이 무대를 신나게 즐기다 웃으며 한국으로 퇴장할 것이다.

    퇴장은 아쉽지 않았다. 다만 잊힌다는 건 두려웠다. 늙는다는 것은 해를 거듭할수록 기억의 힘을 잃어간다는 것을 의미했다. 칠순이 넘은 엄마의 기억 창고는 싱싱하던 젊은 시절에 비하면 녹슬고 낡아 있었다. 그렇지만 엄마가 안개처럼 뿌연 기억 속에서 지금의 기억을 잊지 않기를 바랐다. 흐바르라는 무대에서 헤엄쳤던 이 순간을 말이다. 그건 딸의 너무 큰 욕심일까.

Thanks to

사랑하는 가족과 친구들,
소모임 '카그그(카페에서 그림 그리기)' 회원 분들,
조언을 아끼지 않았던 소중한 지인들,
그리고 이 글을 읽고 계시는 모든 분들께
감사 드립니다.

책 속 여행 스크랩

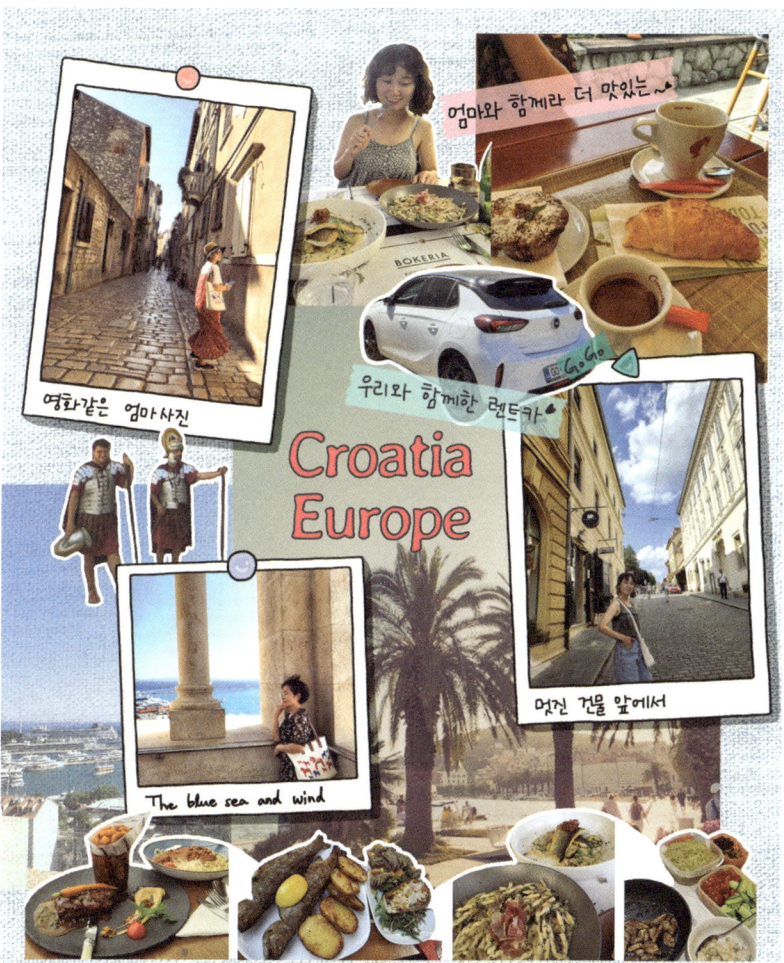

진짜 퐁듀를 먹으러 왔는데요

ⓒ성보미 2025

개정판 1쇄 발행:	2025년 3월 21일
지은이:	성보미
일러스트:	성효진
펴낸곳:	라이크북
출판등록:	2023년 6월 13일 제 2023-000109 호
대표메일:	lik3book2023@gmail.com
인스타그램:	@lik3book
ISBN:	979-11-990168-1-1

이 책은 저작권법에 따라 보호받는 저작물이므로 무단전재와 무단복제를 금합니다. 잘못 만든 책은 구입하신 곳에서 교환해 드립니다.